ゲリー・ボーネル

大野百合子 訳

アカシックレコードで読み解く

「光の12日間」

〜アップデート版〜

2037年までに起こること

徳間書店

私たち人類が、
あるシフトポイントを超えたことで、
これまで封印されてアクセスできなかった、
宇宙のデータバンクである
アカシックレコードの情報が開かれました。

アカシックレコードには、
1万3000年ごとに、
人類の集合意識がユニティ（一元、個の意識が
統合され、つながり合っている状態）と、
二元（個が分離した状態）の間を、
行ったり来たりしているとあります。

私たちは２００１年から
２０１１年にかけて、
それまでの二元のサイクルから、
新しいユニティサイクルに移行しました。
私たちは、二元の終わりを
体験することを意図した世代なのです。

ユニティへの移行は、二つの大きな
出来事のあとに本格的に始まります。
一つ目の出来事は2027年、二つ目は
2032年、もしくは2037年に起こります。

ユニティへの移行にともない、誰もが、
それぞれ自分のタイミングで「目覚め」を
体験する、「光の12日間」を迎えます。

「光の12日間」では、12日間連続して、
地球の中心から目に見える
微細なエネルギーが大量に発せられます。
そして、3日目と4日目が過ぎた夜のどこかで、
アセンションの第一波が起きるでしょう。

「光の12日間」のピークの間、
完全に意識を保っている誰もが、
自分がアセンションを選択するかどうかを、
その瞬間に知ることになります。

はじめに

ゲリー・ボーネル

この作品の資料の源は、「アカシャ」から解釈しています。アカシャとは、太陽系を包み込む広大な普遍的な情報のフィールドであり、天空の神ガイアのマインドです。

そして、アカシャに記録されている情報がアカシックレコードです。

創造主のエネルギーの粒子である12の天空の神々は、一つに集まり「複合存在」として、創造主の意識から放たれます。言うならば、天空の神々は創造全体における生命の源なのです。


アカシャの層に含まれる情報は、太陽系で進化してきた数えきれないほどの生命体にインスピレーションを与えるために放射されています。

私たちの地球は、生命が誕生した最初の惑星ではありません。私たちよりも前に、木星を周回する惑星サイズの月であるマルデックの世界があり、火星も加えた3つの惑星には、ほかの星系からの生命体が同時期に住んでいました。

ところが太陽の大きなイベントが起き、マルデックと火星の生命は突然に終わりを告げました。そして、地球が唯一の生存可能な惑星になったのです。

現在の地球人は、**肉体――ボディ、進化する霊――スピリット**、そして**永遠の魂――ソウルの3つの要素を持った「三層からなる存在」**（28ページ参照）**です**（それまでの人類は、本能で動く哺乳類という二層の存在でした）。

私たちの肉体と進化する人間のスピリットは、ガイアのマインドが具現化したものです。私たちの永遠の魂は、創造主から放たれた意識の一粒の粒子です。

ガイアは創造主の共同創造者として、創造主にその創造を詳細に伝えるために、自らが現実化したリアリティを、永遠の魂が目撃できるようにしたのです。

本書では、太陽系における人間タイプの生命の歴史を、永遠の魂が記録したアカシックレコードから解釈しています。また、それなりに安定したこの太陽系での快適な生活を享受してきた、太陽系外の住人たちに関する情報も含まれています。
そして、現代の人々がガイアのマインドの次元の境界を越えて、「創造」そのものへの広がりへ踏み出すための、いくつかの出来事も明らかにしています。

人類の意識を劇的に変える最初の「啓示」の出来事は、太陽系の外から来た私たちのメンター、つまり人類の知性の発展を導いてくれた存在たちが、自らを明らかにすることです。それから全人類を、その自滅的で自己破壊的な傾向から解放する特異な出来事が、そのあとに起こります。

アカシャは、この出来事を「光の12日間」と呼んでいます。

アカシックレコードで読み解く「光の12日間」 目次

第1章

アカシックレコードでさらに読み解く「光の12日間」

A Further Interpretation from the Akashic Records Concerning the Twelve Days of Light Events

第2章
アカシックレコードによる私たち人類の始まり
The Akashic Record's Version of Our human Beginnings

第3章 過去41万6000年の人類の歩み
Humanity's Progression During the Past 416,000 Years

第4章 2027年と2032年に何が起きるのか？

What will Happen in 2027 and 2032?

第5章
「光の12日間」の真実——そのとき何が起きるのか？
The Truth About the Twelve Days of Light What will Happen Then?

第6章

覚醒に向かう3つのレベルとシナリオ

Three Levels and Scenarios Toward Awakening

第7章 「光の12日間」を終えて、そしてアセンション（次元上昇）

After the Twelve Days of Light and Ascension

巻末資料

REVELATION: Notes Section

装丁　三瓶可南子
編集　豊島裕三子
校正　麦秋アートセンター
組版　（株）キャップス

第1章

アカシックレコードで
さらに読み解く
「光の12日間」

A Further Interpretation from the Akashic Records
Concerning the Twelve Days of Light Events

人類の意識に起こる重大な変化「光の12日間」

"Twelve Days of Light", Significant Changes Taking Place in Human Consciousness

人類の意識に起こり得る、かつ起こるべき重大で深遠な変化を、多くの人々が直感していました。**「個人が突然の意識変化を体験する」**というその未来の大規模な「啓示のイベント」がいつ起きるのかは、私たち人類にとって極めて重要でした。

意識のシフトに関して準備していた人々の多くは、それが人類に分裂をもたらした3次元的な認識から、「5次元感覚意識」と呼ばれる「すべてを包括する認識」へと、完全に移行することだと信じていました。

地球を覆う新しい精妙なエネルギーの増加に同調した人々は、5次元の感覚意識を獲得すれば、自然にバランスを保ちながら、完全にシンクロした人生を送ることができることを直感したのです。つまり**自分の思考が、ほとんど遅れることなく、すぐに現実化する存在になる**ということです。

新しい現実を受け入れた人々は、テレパシーでコミュニケーションをとり、お互いの考えや感情を簡単に読み取ることができると信じられていました。ジェンダーの問題もなく、誰もが完全に平等な世界です。

この「５次元感覚意識」の概念は、３万９０００年前、アトレイシア（訳注：アトランティス）の二元性の最後のサイクルの初期に転生した人々によって、もたらされたものでした。

アカシックレコードによれば１万３０００年ごとに、集合意識が一元と二元の間を行ったり来たりしながら、それぞれ違う視点から地球体験を観察するということが起きているのがわかります。

一元は、個の意識が統合され、つながり合っている状態、すなわちユニティ。

二元は、個がそれぞれ別々に分離した状態のことです。

その二元のサイクルの間に何度か転生したあと、同じ人々が、２万６０００年前に始

1万3000年ごとに訪れる
集合意識の大変化

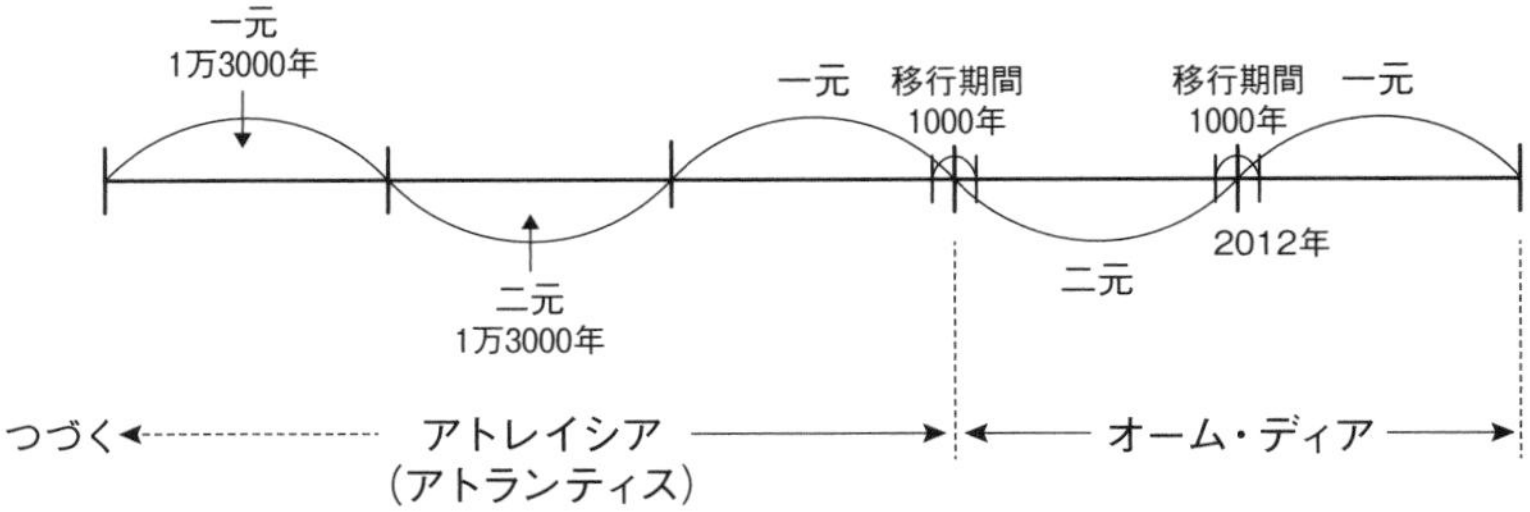

まり、１万３０００年後に終わった一つ前のユニティのサイクルに、何度も転生したのです。

そしてまた彼らは、直近の1万３０００年の二元性の影響の中に転生し、現在のユニティサイクルの始まりの時に地上に生きています。

これらの人々は、１９４０年代と１９５０年代に転生し始め、１９７０年代にはさらに多くの人々が転生しています。

来るべきシフトを直感的に知っている彼らは、現代の集合意識の社会的衝動から切り離されているように見えるかもしれません。彼らの焦点は、人間としての活動における「平等と自然とのバランス」にあると言えるでしょう。

人類の意識は二元から新しいユニティサイクルへ移行した
Human Consciousness Entered a New Unity Cycle from Duality

二元からユニティへの変化は、「スピリットの感覚意識が、魂意識へと拡大すること」

だと直接理解していた人々は、霊的な学びへと導かれていきました。分裂し人生の目的に向かって競争する社会意識や、天国に縛られている預言者、西洋の宗教的ドグマの神々たちから離れていったのです。

スピリットの感覚意識とは、地球に生まれ単細胞から進化して人間の肉体を形成した肉体意識のエネルギーで、魂意識とは源・創造主のエネルギーの永遠不変の粒子です。

そして彼らは、創造的な自己表現である真の人生を送りながら、ユニティに向かう集合意識の動きに穏やかに影響を与えていきました。

これは、今日《こんにち》の言葉で言えば、規範から離れ、**顕在意識の拡大である自己覚知**（184ページ参照）**をもたらす叡智――ノウイング**へと拡大していったと言えるでしょう。ユニティサイクルに入ると、準備のできていた人々が直感していた、バランスとシンクロニシティというすばらしい恩恵、そしてそれ以上のことが、個人と人類の集合意識に起こります。

それぞれのサイクルは、前のサイクルから500年間、新しいサイクルから500年

スピリットの感覚意識と魂意識

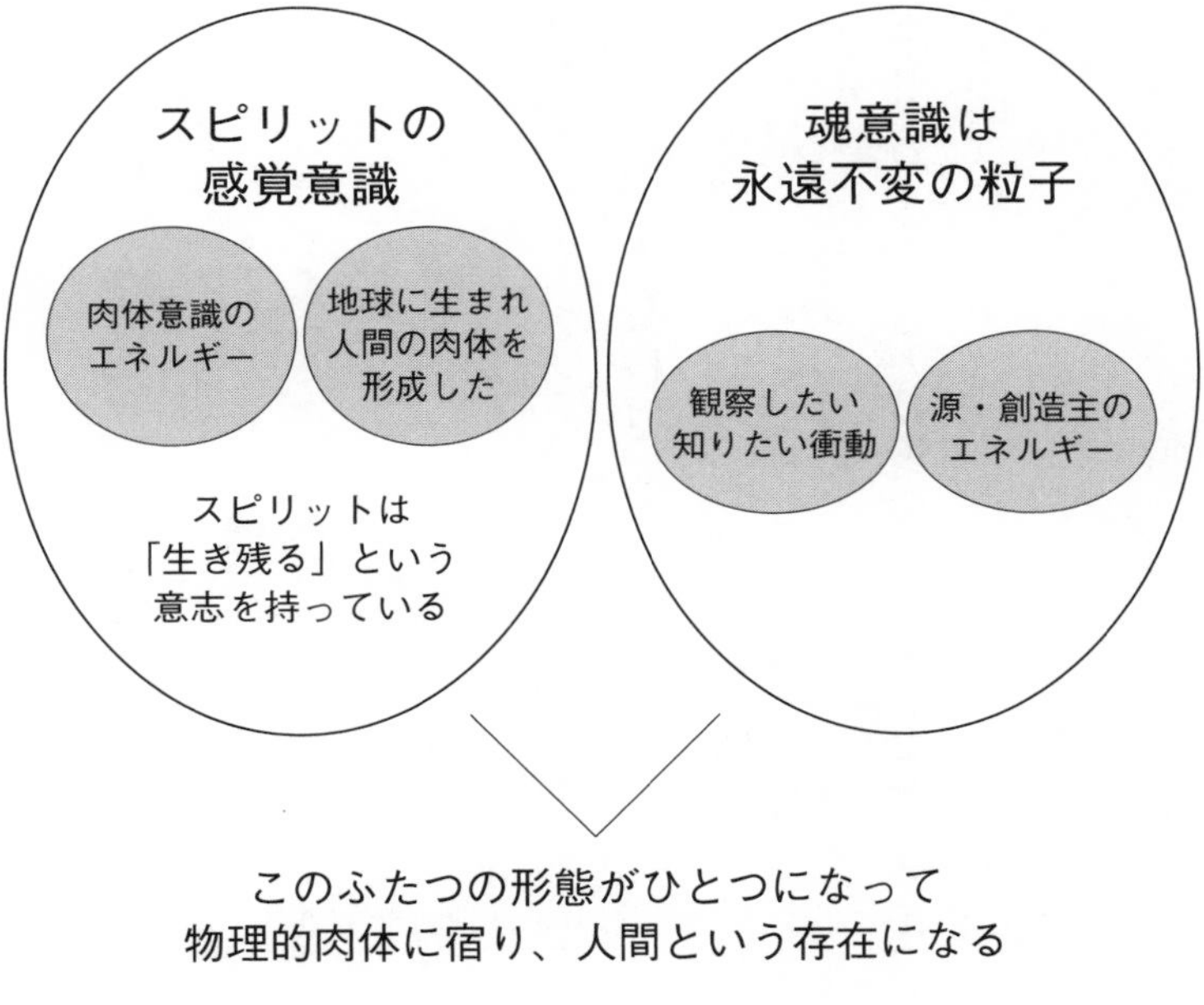

間、影響を受けます。

このように、各サイクルの間に1000年の移行期間が生まれます。これは、これまでのすべてのサイクルのシフトに当てはまります。文明が変化を受け入れていけるように、古代の人々はむしろ優雅なペースで、この移行期間を過ごしたことが記録されています。

西暦1500年に、それまでの1万3000年の二元のサイクルから新しいユニティサイクルへの、1000年の移行期が本格的に始まりました。すべての移行期間の真ん中には、新しいサイクルの影響が開始する「10年間のシフトポイント」があります。

私たちは2001年から2011年にかけて、それまでの二元のサイクルから新しいユニティサイクルに移行しました。

2001年に始まったシフトポイント。人類は日常において、二元と一元のどちらの影響を受けるのか……無意識の綱引きが始まりました。

分裂的手段を使ってコントロールすることを好む古い二元からの影響か、性別や人種に関係なくすべての人に平等とつながりをもたらす新しいユニティ効果の影響か。

総体的に私たちは、強制された変化を楽しめないことは、偉大な思想家でなくてもわかります。西ローマ帝国が崩壊した後の、迷信に振り回された精神と宗教による強制的な教化に比べて、ヨーロッパ・ルネッサンス期の比較的自由な思考をみれば一目瞭然でしょう。


現在のシフトは、過去のどのサイクルの変化とも異なっています。

過去数百万年ほどの間、人類を静かに導いてきた協働する永遠の魂は、西暦６５００年から７０００年の間、今回の新しいユニティサイクルの途中で地球を離れるでしょう。

私たちは「三層からなる存在」

We Are "Three-Fold Beings"

私たち人間は、一体となって表現している3つの別々の存在です。

一つは遺伝的に派生した哺乳類の地球人としての**肉体**。ボディは祖先の記憶と本能的な知性を備えています。

肉体のさらなる発達は、私たちのエーテル体《フォーム》である**スピリット**にガイドされます。

スピリットは、戦略パターンと直感的知性が動かす進化するエネルギーフィールドです。

肉体と人間のスピリットは、ガイアのマインドの中に具現化した存在です。

そして私たちには、創造主のマインドの粒子である、**永遠不変の魂**があります。

この3つの側面のコラボレーションが、私たちのマインドです。

「腹の脳」は潜在意識の座、「心臓《ハート》の脳」は顕在意識の座であり、「頭蓋の脳」は私たちの超意識の座です。

私たちのマインドは、３つの側面のコラボレーション

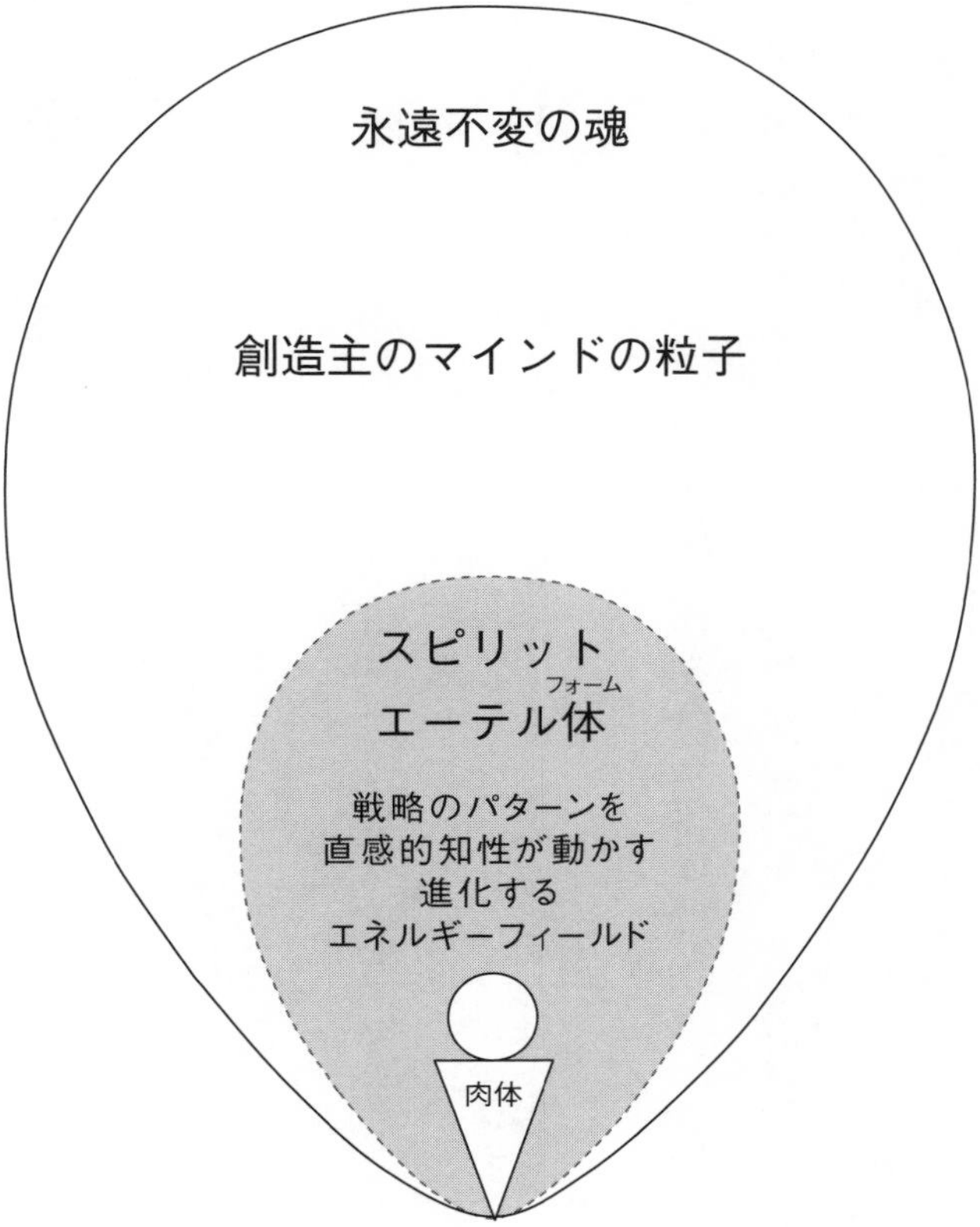

肉体——ボディ、霊——スピリット、魂——ソウルの3つの層。この3つがコラボしている私たちは「三層の存在」です。

今回のシフトは私たちの、「三層からなる存在」の状態にバイオエンジニアリングされて以来初めて、人類が地上に自力で残されることになります。

これが移行サイクルの今回のシフトポイント全体のエネルギーが巨大になる原因です。

過去のサイクルでは、全人類が同時に集合としてシフトしてきました。

しかしながら、現在のユニティサイクルの途中で去る人類の永遠の魂は、集合ではなく個々にシフトしています。

結果、個人はユニティサイクルが完全に開始される西暦2500年まで待つ必要はありません。誰でも今、この瞬間にでも、ユニティの完全な影響下へと感覚意識——知覚を拡大することができるのです。

人類の未来――宗教とスピリチュアル的な予知
The Future of Humanity —— Religious and Spiritual Predictions

「人類が未来にどうなっていくのか」に関する予知はいくつもあります。

それは未来を見通すことができた、はるか昔の賢者たちの預言が元になっていて、私たちにネガティブな結果を直感させるだけかもしれません。

理由は、二元性の影響を受けた集合意識の「サバイバル感覚意識」によるためです。

未知の世界を恐れる人々は、その答えを宗教に求めるようになりました。

より近代に近づいたヘブライ語の聖書や、新約聖書に見られる預言者の言葉には、人類のむしろ悲惨な結末が描かれています。

彼らは終末の時代、つまり「艱難辛苦《かんなんしんく》の時代が来る」こと、そしてクリスチャンには「地上の喜びは少なく、異教徒には永遠の地獄が待っている」と預言しました。

宗教の教義を守る敬虔《けいけん》な者だけが永遠に救われ、天国での死後の世界を生きられると教えたのです。邪悪な者たちの浄化は、イエスの再臨の直前に行われるとされています。ただ、ヘブライ語のテキストに関しては、平和と幸福をもたらす終末の救世主としてのメシアの姿は、後のユダヤ教のテキストまで言及されていません。

古代ユダヤの文献にも、終末のシナリオについての記述はほとんどないのです。メシアが、終末の審判の日、新しい神の国の始まりを告げる人物として本格的に登場するのは、紀元前2世紀中頃からです。

キリスト教徒は、使徒ヨハネが書いた『ヨハネの黙示録《アポカリプス》』に注目しました。自分たちの神エホバのひとり子イエスの永遠の王国が、今、黙示録によってもたらされると確信したのです。

新約聖書の最後の章を、差し迫った宇宙的な大変動——黙示録（啓示）が起きて、神が悪の支配勢力を滅ぼして、イエス・キリストが再臨すると解釈しました。

キリスト教の預言者たちは、「ハルマゲドン」と呼ばれる最終戦争、善と悪の最後の戦いが行われる場所を予見していました。

ユダヤ教の伝統では、アポカリプスという言葉は「覆《カバー》いをはずす」という意味に訳されます。歴史的には人類の究極の運命に関連した啓示や預言、つまり「終末論」と呼ばれるものを指し、一般的には、「人類の破滅と世界の終焉につながる大規模な大災害」を意味する言葉として使われています。

ユダヤ教本来の「解明する」「真実を明かす」の意味で使われるなら、黙示録とは「メシア（モシヤハ）の到来と死者の復活」です。

多くのユダヤ人は、「メシアが現れたら、エルサレムの神殿を再建し、戦争を終わらせて、みんなが平和に暮らせるようにするだろう。そして、宗教や文化の違いに関係なく、すべての人々が一つにつながり合い、統合されるだろう」と信じています。

宗教観の薄い人々は、ノストラダムスの四行詩や、彼と同時代に活躍したイギリスの予言者マザー・シプトンの著作から、現代的な解釈を探し始めました。

１５６６年のミシェル・ドゥ・ノストラダムスの死後、彼の高まった名声に乗じて、ここ70年ほどは、その予言がすべての重要な出来事に付合するように、作家たちによって解釈されてきました。

しかし、ノストラダムスが予言したとされる出来事は、実はひとつもありません。

一方、マザー・シプトンは、自動車、飛行機、またラジオ、電信などの現代の技術を予言していました。１６６６年に起こったロンドンの大火や、１３４６年から１３５３年に大流行した黒死病の発生の予知も的中しています。


また、ババ・ヴァンガとして知られるヴァンゲリヤ・パンデバ・ディミトロバの予言に注目する人々もいました。

彼女はブルガリアの神秘家で、「新しいミレニアムの始まり」についていくつかの予言をしました。その中で最も悲惨な予言は、「異星人が小惑星を捕獲して地球に衝突させて、地球と残された生命体を侵略する」というものです。

彼女はこの出来事は「２０２７年に起きる」と解釈しました。


それからルシア・サントスと彼女の２人のいとこに告げられた「ファティマの預言」

があります。イエスの母マリアの出現は、３人の幼い子供たちに、来るべき日々について伝えたのです。

マリアの予言は３つありました。最初の２つは、サタンの力と地獄のイメージ、そして「信じる者たちは、永遠の天国に住むだろう」という約束についてでした。

最後の預言は、カトリックの中心には古代の悪魔の力が存在し、終末の日に「反キリスト」が教会の最高位に座ることが明らかにされるだろうというものでした。

そのタイミングは、まさに目前に迫っています。

アカシックレコードには、最後の教皇として、ペテロと呼ばれる第２６７代ローマ司教が登場することが記されています（訳注：現在は第２６６代教皇フランシスコ。２０１３年３月13日から在位）。

次の教皇は、自分の師を3度否定して以来、葛藤と未解決の問題に満ちた困難な転生を何度も経験してきた存在です。

その過去世のひとつに、ローマ法王ベネディクト9世として、カトリック教会のトップであったときがあります。彼は文字通り何百人もの少年や女性と関係を持ったと記録されています。また、2人の姉妹と近親相姦の関係にあったことも知られています。

政治的な面においても同様で、自分の支持者にあらゆる称号を与えました。

今度こそ、前よりもましな仕事をするのでしょうか?

エドガー・ケイシーの啓示

Edgar Cayce's Revelations

エドガー・ケイシーのライフ・リーディングもまた、新たに解釈され始めました。

彼はセッションで、クライアントの前世について話し、未来の一般的な情報を提供しました。彼の未来に関する情報のほとんどは、人類と地球にとってポジティブなものでした。

ケイシーによるとされている一連のリーディグには、「世界が3つの別々の帝国によって支配されるだろう」という情報が含まれています。

これは、習近平の「人生の書——ブックオブライフ」(訳注：個人の肉体意識の転生の記録)に関するアカシックレコードの情報と一致しています。

予言された3つの地域政府とは次の領域です。

1) 北ロシアを半分に分け、北極からベーリング海峡までのシベリアの半分を中国が支配。東はインド、東南アジア、日本、島国、南はオーストラリアを含む。

2) ヨーロッパ中心の政府。東はパキスタン、南は中東とアフリカ大陸を含む。

3) 北、中、南アメリカは一つの国家が支配する。

また、ケイシーはヨーロッパでは、地域限定のロシアの侵略戦争があり、また、中東では青いターバンを巻いたイランの非宗教的な新体制による地域戦争があるとも述べています。

彼は黙示録的な予言はしませんでしたが、全人類の啓示の時代については予言したのです。

新ミレニアムに起きることについての解釈は曖昧《あいまい》で矛盾しているので、人々は来るべき新しい時代の本質を完全に理解できるような情報を求めました。

1990年代後半には、2000年にコンピュータが誤作動するという2000年問題や陰謀論が溢れかえり、それらが真実として語られるようになると、人々は自分たちの前に「いったい何が待ち受けているのか」を知ろうと躍起になりました。

しかし新しい時代を生き抜くための商品を売り込もうとする人たちから、せいぜい「直感」と称する情報を得ることぐらいしかできませんでした。

サバイバルグッズだけでは物足りないということで、21世紀が到来する直前には、海が上昇して世界が浸水し、イギリスやヨーロッパの沿岸部、日本などの国々が完全に消滅するという地図が描かれていました。

他の〝スピリチュアル〟な予言では、「全面的な世界戦争で人類の3分の1が滅亡する」と言われました。このような予言から、現代の多くの「予言者」は、莫大な経済的利益を得たのです。

アカシックレコードを読み解く際の問題点
Overall Issues when Interpreting Information from Within the Akashic Records

「光の12日間」の出来事に関するこれまでの解釈は、約２万６０００年前のアトランティス時代に起こった分離からユニティへのシフトの情報のみに基づいていました。

その二元からユニティ、一元へのシフトは、集合的な出来事であり、当時アカシャにおいて唯一、そのような出来事が起きた例でした。

しかし、現在のユニティサイクルの影響下に入ると、アカシャにおいて、人類のはるかに遠い過去の情報が開かれてきたのです。


今、観察すべき多くのシフトポイントがあります。

今回のユニティ、一元への移行は、過去のシフトとは違います。

アカシックリーダーたちは、今、展開しているユニティの時代は、21世紀に入った直後に行われることを知っていました。ただ、シフトの真っ只中になって初めて、それがどういうものかがわかってきたのです。

誰もが常に、それぞれの「人生の書」にデータをアップロードしたり、ダウンロードしたりしていることを知ることが重要です。

ほとんど全員が、この作業を無意識に行っています。このように元々アカシャとつながっているからこそ、意識的にアクセスする方法を学ぶことができるのです。

ただほとんどの人は**人間存在とは何か、つまり自分が「三層からなる存在」であること**を知らないため、意識的にアクセスすることから遠ざかっています。

それが、焦点の定まらない誤った思考と相まって、意識の流れにそってアカシャからデータを受け取ることを邪魔しているのです。

また、ほかにもいくつかの問題があります。人間は直線的に思考しますが、アカシックレコードでは、**時間は過去から未来に流れる直線構造ではありません。**

ですからレコードに保存されている情報の進行具合を判断することは困難なのです。私たちは、アカシックレコードを「過去と未来」「始まりと終わり」といった概念で区切ろうとする傾向があります。

未来の出来事が起きる正確なタイミングを解釈する時は、厳しい問題が起きます。人類に関わる予言は、ほとんどの場合、直感であって、アカシックレコードに直接アクセスして得た情報ではないということです。直感は正確であり得ます。そして、直感データは常に先入観のフィルターを通り抜け、そのほとんどがジャッジメントの枠を超え、取り込まれた偏見に逆らって得られます。

すべてのデータは、ひとつのイベントにリンクされた出来事として記録され、その後に戦略的に導き出され、常に進化し続ける、一連の反応パターンが続きます。

集合意識が関わる出来事と、それが起きるタイミングを読み解くことは、容易ではありません。世界的な未来予測を行うには、異なる文化圏に住む多数の異なる個人が、一様に展開される状況に対して、それぞれまったく違う方法で関わる時の出来事《イベント》／反応《レスポンス》パターンを解釈する必要があるのです。

一個人のアカシックレコードを読み解くにも、それなりの課題があります。

なぜでしょうか？

個人の「人生の書」には、それぞれのタイムライン――転生に対して、2種類の出来事／反応パターンが記録されるからです。**本能的な体《ボディ》の反射反応と、進化するスピリットの戦略的・直感的な反応パターンの2つです。**

このデータはだいたい前進的です。個人に関するタイミングは、関連する繰り返されるパターンを通して、より簡単に決定することができますが、まだ厄介な部分があります。先述の通り、三層の存在である人間は、「進化するスピリット――霊」の記録（人生の書――ブックオブライフ）と、「永遠のソウル――魂」の記録（アカシックレコード）という2種の、ほぼ同じ記録を持っているからです。

この2つの違いは、スピリットの「人生の書」には、学習したパターンを繰り返すことで表現された感情的なエネルギーが込められており、魂の「アカシックレコード」には、出来事／反応のパターンが公平に記録されていることです。

スピリットは比較の渦中にあり、それらを可能性として記録します。魂は永遠です。比較することもなければ、進化することもありません。

ジャッジメントに気を取られることなく、一貫して観察しています。スピリットと魂が協働できるのは、両者がほぼ同じハーモニクス（調和波動）を持っているからです。

個人の真のエッセンスは、スピリットと魂の2種の「出来事／反応」の間に見つけることができます。言い換えれば、アカシャを読む人は、この2つの別々の記録の中間点、スピリットの道と魂の道が一つに融合する「調和の瞬間」を見つけることができるのです。

しかし、タイミングを正確に決定することは困難です。ある師は、「優れた高等教育を乗り越えるには、5回の転生が必要だ」と言ったことがあります。

ポイントは、私たち人間のスピリットは、常に戦略を進化させているにもかかわらず、投影した内面の自己評価は、一つの転生から次の転生へ移っても、ほとんど変化しないということです。

私たちは自己の安全確保を大前提に、目の前の環境に即対応する戦略として、相手に受け入れてもらうためには「自分の核なる価値を無視することができる」ことが観察できます。けれども核のパターンは変わらず、新しい転生ごとに再び表面に現れるのです。

アカシックレコードでは、時間は過去から未来に流れていない

In the Akashic Records, Time does not Flow from the Past to the Future

前述のように、すべての予言に関して、いつ起きるかのタイミングを決めるのは難しいのです。判断するのが不可能だからではなく、時間という概念そのものが複雑だからです。

予言したタイミングが外れたとき、「予言者」の中には、いくつかの未来から選ぶこ

とができるという言い訳をする人がいます。確かに、**地球には「平行次元」とも呼ばれる「7つの隣接する現実」**（334ページ参照）**があります。**

非物質次元と物質次元は、ガイアのマインドの完全な現れであるその隣接する現実のうちの一つです。

それぞれの隣り合った現実は、ガイアのマインドの境界の内側に存在しています。

そして、各隣接現実には変えることのできない未来が一つしかなく、いくつもの中から選ぶことはできません。さらに「時間」、つまり出来事の直線的な展開を、まったく異なる方法で表現しています。

ガイアの意識領域では、人類の出来事／反応はすべて同時に記録され、常に検証されています。私たちが毎日体験しているような時間は存在しません。

その代わり、感覚意識が交差するポイントに構築される単位《ユニット》で測定されます。

その交点は合意された観測が、膨張と収縮の瞬間に出合う場所です。

膨張と収縮の瞬間は、集合意識がその成長を認識するために使用する、多次元的な目印《マーカー》を作り出します。

これらの瞬間は、直線的ではなく、同時に存在します。

そして、感覚意識の各交点に関連するすべての目印を含んでいます。

のちに詳しく説明しますが、地球にやってきた魂は、まずほとんど同じハーモニクスを持った別の魂と結合します。

結合することによって、地球の転生を統合するそれぞれの「オーバーソウル」が生まれ、さらに各オーバーソウルが地球上の転生を創ります。

人間のスピリットと永遠の魂が一つの転生、タイムラインでコラボレーションを始めるとき、必要なことが2点あります。

第一に両者はほぼ同じハーモニクスでなければならないこと。第二に同時存在の魂は、単一のタイムラインに再フォーカスしなければならないことです。

これを考慮しても、永遠不滅の魂の本質により、アカシャに記録された一つのタイムライン内のすべての出来事は、全タイムラインのすべての出来事と同時に相互接続され

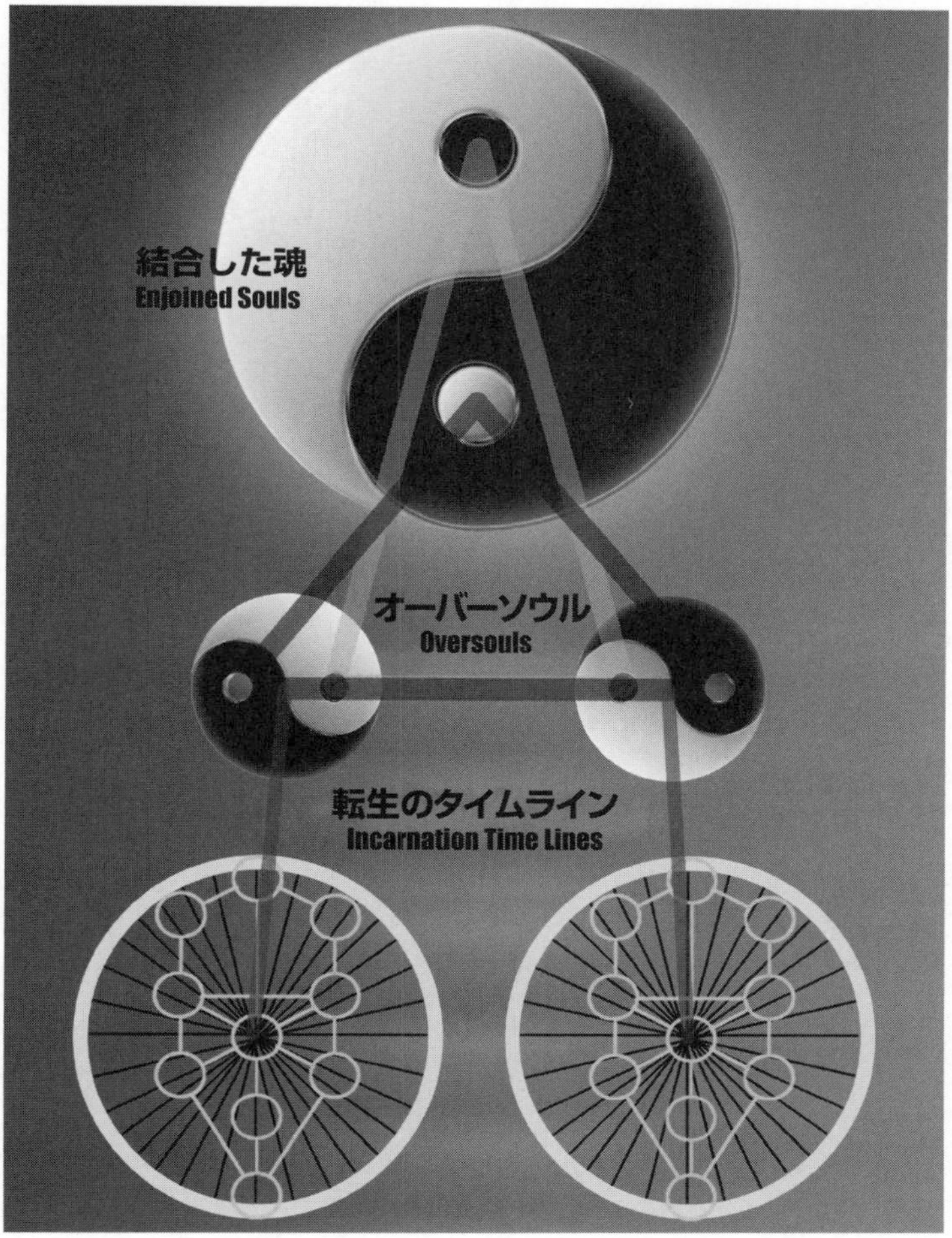
結合した魂
Enjoined Souls
オーバーソウル
Oversouls
転生のタイムライン
Incarnation Time Lines

ていることが示されています。「すべての転生を統合した存在であるオーバーソウル」の始まりのタイムラインから、一番最後のタイムラインまでのすべてとです。

さらにつけ加える要素があります。あるタイムラインの**人間のスピリットは、ほかの永遠の魂と協働した「何千ものタイムライン」を体験しています**。人間のスピリットは、そのすべての情報を、何層もの比較反応として保持しているのです。

例をあげましょう。現在のタイムラインで美しく上品なバラの香りを楽しんでいるとき、オーバーソウルの意識とスピリットの感覚意識は、同じような出来事《イベント》／反応《レスポンス》パターンを共有する、すべてのタイムラインに即座につながります。

あなたの永遠の魂は、ほとんど、各タイムラインにおいて違う人間のスピリットと協働しているので、単一の反応を引き出すのではなく、**すべてのタイムラインから、それぞれのスピリットの出来事／反応のパターンを蓄積しているのです**。

今のこの一本のバラのイベントだけを観察するのではありません。

このように、異なる時間軸の人間のスピリットたちが、現在の出来事／反応パターンを全体的に理解することに寄与しているのです。

交差する次元の感覚意識ポイントは、隣接する7つの平行現実のすべての、同様の交点と融合することもできます。このため「日時」は単一に表現されることはありません。私たちの世界では、「今」という一点から過去や未来を想像上の線に沿って見ています。**アカシャの唯一の始点は、たった一つしかない「THE・ビギニングポイント——始まりの時」であり、それは終わりの瞬間をも含んでいます。**

私たちは直線的な時間に慣れているからこそ、混乱するのです。

私たちが多次元的な世界を意識するのは、夢を見ているときか、アストラル界で意識的に体外離脱をしたときだけです。

アルベルト・アインシュタインの言葉を借りれば、「時間と空間は永続する幻想である。時空は存在しない。それは単に私たちの考え方にしか過ぎない」。

このように、私たちが考える過去から未来に流れる直線的な時間は、アカシャにある情報には当てはまりません。個人のスピリットの「人生の書」と、永遠の魂の「アカシックレコード」にアクセスするとき、すべての出来事は同時に表現されています。

過去と未来は一つなのです。

アカシックレコードの解釈とは対照的に、直感で導き出された事象を特定の直線的なタイムラインにおいて正確に予測する唯一の方法は、類似したすでに起きた出来事を探し、一つ以上のイベントを互いに相互参照することです。これには、ほかの6つの隣接した次元のうちの1つからの情報も含めることができます。

その「未来」の出来事に深く関わり、感情的な影響を受けるだろうクライアントを抱えている場合、アカシックリーダーはイベントがいつ起きるか正確な年代を知ることができます。

完全に参照する出来事がわかったら、そのイベントの解釈は現在の集合意識が、それが起きる瞬間をどのように直感するかにも基づいて行われます。

アカシックレコードで日付を見る場合の問題
In the Akashic Record, the Problem when Looking at Dates

さらに、アカシックレコードを解釈する際に起きる問題の一例を挙げましょう。

私は、50年以上にわたってアカシックレコードの情報を解釈してきました。

１９９０年代の中頃から後半にかけて、アカシックレコードとこれから起こる避けられない出来事に関する講演をしていました。

そこで私はニューヨークとワシントンＤＣが同じ日に空から爆撃されるという出来事について話しました。この２つの出来事は午前中に起き、初めはニューヨーク、次がワシントンＤＣで起きるだろうと。

日本に滞在中、私の長年の通訳であり仕事仲間でもある大野百合子は、ほとんどの講演の場面で共にいました。過去の過激派が起こした数々のイベントと相互参照しても、それがいつ起きるのか日付はわかりませんでした。

私はこの避けられないイベントの情報を日米で何百回となく話して、聴衆の誰かが同じような情報を直感して、明確な日付をつかんでくれるのではないかと期待しました。

この出来事が近づくにつれ、私はこの２つの出来事によって感情的影響を受けるであろう、公に知られている何人かの人物のアカシックレコードから「９１１」という数字を得ました。その数字の解釈をし始めたのですが、そのうちの２人は、当日ニューヨークのグランドゼロにいました。

日本の読者のために補足すると、アメリカでは、９１１は緊急時に助けを求めるための電話番号です。私はこの数字を日付だと解釈しませんでした。その数字とともに世紀と年を表すマーカーが得られなかったからです。

アカシャで日付を見る場合は、通常何月何日というようにではなく、日、月、年、世紀の順番に表されるのです。でも、現実になったあと、私たちがこの出来事を９１１と呼んでいるために、アカシャはこの形式でタイミングを記録していたのだと思います。

過去数十年間アメリカの集合意識は、敵がアメリカを空から攻撃するとは直感していませんでした。防衛システムによって、そのような被害から守られると考えていたのです。

私がこの一連の出来事に気づいた最大の理由は、９１１（アメリカ同時多発テロ事件）の一週間前に妻とともにニューヨークにいたことです。

私はブルックリン橋の近くにある大学で講義をしていました。マンハッタン南部のダウンタウンを訪れている最中、２人とも異常に動揺したのです。セントラルパークからすぐのホテルに戻ったときには、もうその感覚は薄れていましたが。

もう一つ、こんな例があります。

私は１９９１年から日本で教えたり、コンサルティングを行ってきました。その間に何度も地震や台風を体験しています。

日本のインフラがそれに耐えられるようにできていることは知っていますが、万が一、大きな被害が出るようなときには、日本にはいたくないと思っていました。

そこで、私は家族に対して「マグニチュード9弱以上の大地震が来るときには、僕は日本にいないだろう」と予言していたのです。

なぜ地震を予知する必要があったかというと、阪神・淡路大震災が起きたとき、私は東京でぐっすり眠っていたからです。１９９５年1月17日、朝6時前のことでした。大きなビルや高架道路が倒壊していました。そのときの報道と映像から、「これは大きな地震には遭わないほうがいい」と思ったのです。

２０１１年3月9日、私は打ち合わせのため都心にいたところ、かなり大きい連続した揺れがビルを揺らしました。マグニチュード7・3という、これまで感じたことのない大きな地震でした。その場のチームも皆、身の安全への大きな不安を感じていました。

3月10日に帰国予定だったので、自分の予知は1日ずれたと思いました。大きな地震だったとはいえ成田国際空港は開いていたので、予定通り帰国の途につきました。

翌3月11日、福島のニュースで目が覚めたのです。

アカシックレコードのイメージ、シンボル、ヴィジョンを読み解く

Interpreting Images, Symbols, and Visions in the Akashic Records

私たちのスピリットの感覚意識と魂意識は、すべてのタイムラインのすべての瞬間をシンボルとイメージで保持しています。

時間とは異なり、イメージは過去と未来の結果に直接結びつくことができます。どのように判断しても、私たちは今、啓示と黙示録の世界にいます。

これには、地球外存在たちが、公《おおやけ》に姿を現すことも含まれます。

古代の予言に精通している人々にとって、現代は艱難辛苦や疫病が待ち受けている時代です。救い主の贖《あがな》いによってもたらされるはずの天国に目を向けている人たちは、この「大いなる目覚めの時代」において、厳しい時を過ごすことになるでしょう。

「三層からなる存在」としての自分、「自分とは何か」を知っている人々にとって、展開されゆくこれからのヴィジョンは、意識の無限の拡大を提供します。

予言という事象は、その時代やその時の文化が支配する信念や言葉によって、「フィルターがかけられてしまう」という欠点があります。

SF作家は、自分のヴィジョンがどのように受け取られるかを気にすることなく自由に表現できるので、より楽に未来を明確に表現できるのです。

この「正確さにはこだわらない」という姿勢のおかげで、多くの作家たちが、予測した未来の実際の出来事に非常に近づいています。

このカテゴリーに分類される現代作家はたくさんいますが、H・G・ウェルズとジュール・ヴェルヌの昔の著作はとても印象的です。ウェルズの『タイムマシン』『宇宙戦争』、ジュール・ヴェルヌの『月世界へ行く』『海底二万里』『地底旅行』など、彼らの描き出したものが、当時の技術をはるかに超えているからです。

予言のアートにおいて、あらゆるフィルターの中で情報を最も汚染するのは、予言者の「自分が正しくなければならない」という必要性《ニーズ》です（これは、アカシックレコードを読む人にも言えることです）。

情報が100%正確でなければ、詐欺師として排除され、彼らが提供できたかもしれない知識はほとんど無視されます。

予言やアカシックレコードの情報の解釈の正確さを歪めているのは、まさに読み手の「正しくありたい」という必要性——欲求なのです。

ですが、しばしば内容がはずれたり、間違ったりした経歴を持つ予言者やアカシックリーダーの言うことに誰が耳を傾けるでしょうか。

先に述べた旧約聖書の預言者たちや『ヨハネの黙示録』をはじめ、マザー・シプトン、ババ・ヴァンガ、あるいはエドガー・ケイシーといった現代の先を見通す人たちに至るまで、**「終わりの時」に関するヴィジョンの記録のほとんどが、古いシステム（二元性）の破壊を指し示しています。**

そして新しいパラダイム（統合——ユニティ）の拡大や歓びについての明確なヴィジョンは与えてくれてはいません。

決して彼らが、状況の否定的な側面だけしか見ることができなかったわけではありません。シンプルに、現在の集合意識において、起きるであろう最悪のシナリオを知る必要性を示しているだけです。

これは人間の脳が本来持っているネガティビティバイアス（訳注：人は、ポジティブな出来事や情報より、ネガティブなほうに注意を向けやすく記憶にも残るという心理学用語）、つまり「生き残りたい」という欲求が働いているからです。

ネガティブな予言は、魚座の時代を代表するマインドセットの兆候です。

つまり「苦難を通してこそ学べる」という考え方です。

水瓶座の自己実現の時代は、「肉体《ボディ》、霊《スピリット》、魂《ソウル》の統合」の到来を告げ、自己実現とシンクロニシティに満ちた現実を思い描くことができるようになります。

その新しい現実の中で、私たちは、目的を持ったニーズを現実化していくのです。

そして、人間の二元性の最後の日に、
長く沈黙していた地球のスピリットは宣言する。

「私は、自身が私のヴィジョンの現れであることを
知るようになったすべての人に、私の目覚めを注ぎます。
私がユニバーサルマインドの中での表れであるように。
ALL THAT IS——大いなるものすべてにおいて、
私たちは一つなのです。」

アカシャより

アレクサンドリアのキャサリンが解釈し伝えた言葉

私たちは二元性の終わりを体験することを意図した世代

The Generation we Intended to Experience the End of Duality

日常的にたくさんの人々が明晰夢を見て、来るべき出来事に関する目覚めのヴィジョンを受け取っています。これまでの歴史の中で、ほかのどの時代よりも今、このような事象が起きているのです。西暦95年を振り返ってみましょう。使徒ヨハネは黙示録を書

くときに何を考えていたのでしょうか。

彼はパトモス島に一人で亡命し、気が散ることなく自由にユニバーサルマインドのヴィジョンを思い描くことができました。

透視能力者や未来を見通す力を持った人は、遠い未来の状況を示す個々のイメージが、起き得る可能性全体の文脈からかけ離れたヴィジョンの場合、内容は容易に理解できないことを知っています。

ヨハネの体験は、これから起こることの全体像が、一連のイメージがつなぎ合わされた状態で与えられたという点で、ほかとは異なっていました。


7つの教会、天使、高みから鳴り響くラッパ、神の御座の周りに座る24人の長老、7つの封印の巻物、7つの恐ろしい災害、赤い大龍、4騎士、悪に対する善の最終決戦、天より降りてくる神からのエルサレムの新しいヴィジョンなどです。

このヴィジョンを受け取ったヨハネの、強烈な畏怖《いふ》の念を想像してみてください。

ヨハネにとって、自分が見せられたものをどのように解釈し、記録するかがより大きな問題だったことでしょう。

後世の人々が、彼の最後の仕事のより深い意味を確実に理解できるようにする唯一の方法は、西暦1500年頃に彼が転生して再び未来を見通したときと同じように、比喩や象徴的な言葉でヴィジョンを要約し、カプセル化することでした。

彼が自分のヴィジョンが現実になるまでに、2000年が経過することを知っていたのは、気持ち的には楽だったかもしれません。

今、人類が長年の内なる葛藤を解放するにつれて、黙示録の啓示の時代がドラマチックに展開されています。

私たちは、二元性の終わりを体験することを意図した世代なのです。

でもこの啓示は、まだどこか遠くの、より完全に目覚めた世代のものであるかのように感じられます。自ら進んで葛藤の制限の外側で生きようとする人々、人間のスピリットと協働する魂意識の真の本質を、心地よく生きる解放された世代。ガイアのマインドが具現化した存在としての自己を知り、次元間、多次元、異次元を自由に生きる世代のものであるかのように……。

そして、もう一人のヨハネは、砂漠で説教をしながら、「神の国は近づいた」と宣言しました。バプテスマのヨハネが生まれる７００年前、預言者イザヤは、遠い未来、最終的なユニティへ至るまでの啓示のために、集合意識に対して準備を始める人のヴィジョンを語りました。

イザヤはバプテスマのヨハネを「荒野で叫ぶ者の声」と表現しています。

「主の道を整え、その道をまっすぐにせよ。
すべての谷は満たされ、すべての山と丘は低くされ、
曲がったところはまっすぐになり、荒れた道は滑らかになる。」

ルカ３：４－５

使徒ルカの文章の同じ箇所を、彼の「人生の書」から、より現代的な文脈で解釈してみましょう。

「ユニティのサイクル――二元性から完全に移行するすべての人は、すべてのジャッジメントと学習した期待を捨て、〝永遠の今〟に生きる。

ひとつひとつの言葉は、目的がある必要なものを形にする指令となり、その純粋な状態において、荒れたものは滑らかに、曲がったものはまっすぐに、利己的な行為は無私の行いになるだろう。

彼らは見る目と聞く耳を持つ人々を通し、ガイアの具現化したマインドの中で、〝三層からなる協働する存在〟の本質を見るのだから。」

ユニティサイクルが現在の人間のマインドに与える影響

The Present Effect of the Unity Cycle on the Human Mind

アカシャのデータを観察すると、地球上の最初の人間のタイプは、二元とユニティの交互に訪れるサイクルの影響を受けてはいないことがわかっています。

このことから、彼らは「三層からなる存在」ではなく、マルデックと火星の「二層の存在」の人間タイプの名残《なごり》であると判断できます（詳細は次章で述べます）。「二層存在」とは、特定の目的のために設計された肉体《ボディ》を持ち、**永遠の魂《ソウル》に導かれる存在**です。初期の「二層存在」は、肉体と魂とからなり、惑星から生まれた魂に導かれることもありました。

私たち現在の人類は、創造の中心から発せられる1万3000年の波の影響を受けます。なぜなら現代人は、創造主の意識の粒子そのものである永遠不変の魂に導かれる、地球上のあらゆる生命体として生きてきた人間のスピリットの戦略的かつ直感的知性と完全に結合した、本能的知性（遺伝子または祖先の記憶）が協働《コラボ》するマインドだからです。

人類は、このような長いサイクルの影響を受けるだけでなく、創造の中を系統的に流れる、より小さい規模の宇宙エネルギー帯（サブセット）の影響も受けています。

過去の文明についてわかっているデータから見ると、すべてのサブセットのエネルギー波は、同じ質や強度を持ったものではなく、また持続時間も一定ではないと結論できるでしょう。

サブセットは、ある期間内のすべての個人や集団に等しく影響を与えるわけではありません。1万3000年前に始まった過去の二元のサイクルの情報を振り返ってみると、サブセットエネルギー波が、ある人間の集まりでは「悟りの時代」を、別の集まりでは「抑圧された進歩の時代」を生み出せることがアカシックレコードに示されています。

1万3000年周期の全体的な影響は、すべての人間の活動を支配しますが、大きな周期内のサブセット波は、支配的なエネルギーに反するように見える個人や集団の反応を、突然増大させる可能性があります。

集合意識の中の個人に対する小規模エネルギー波の影響に関しては、先祖の記憶や文化的な影響が重要な役割を果たすこともあります。

これはヒンズー教とキリスト教の考え方の違いがよい例でしょう。

人間の肉体が至福への大きな障害であるというヒンズー教の信仰と、イエスによって示された、肉体が純粋なエネルギーへとアセンションするというキリスト教の考え方の違いです。

仏教やヒンズー教の信者は、イエスのようなマスターが、なぜ肉体のアセンションを教えるのか理解できないかもしれません。結局、なぜある次元で制限として機能するものを、次の高次の現実として認識されるものに取り入れるのでしょう。

「真理の御霊《みたま》が来るとき、彼女はあなたがたをすべての真理に導くでしょう。

彼女は自ら語るのではなく、明らかにされたことを話し、来るべきことをあなたがたに告げるからです」

ヨハネ16：13

最も一般的なサブセットのエネルギー波は、長さが数時間しかなく、波が海岸に打ち寄せるのと同じように、次から次へと重なるようにやってきます。

これは、人間が意識と感覚《アウェアネス》を瞬間から瞬間へと持続させるために必要なエネルギーイベントなのです。ほかの波は数年の幅を持ち、その時代の人間の活動や知的態度を形成する傾向があります。

エネルギー帯は、私たちの宇宙空間を常に動いています。

そのエネルギーレベルはさまざまなので、個人と集合意識が可能だと思うことを表現しようとするときに、多かれ少なかれ影響を及ぼします。

言い換えれば、重大な集合意識の衰退やルネッサンスは、すべてのエネルギー波の帯で起こるわけではありません。

約1万3000年前に起きたように、ユニティサイクルから二元サイクルへの移行は、人類にとって壊滅的なものでした。

ごく短期間のうちに、これまでのユニティサイクルで慣れ親しんでいた共感やテレパシーを使ったコミュニケーションができなくなったのです。

全人類が使える普遍的な言語が準備されていない状態の中、大混乱に陥《おちい》りました。

前の二元サイクルからの記録を保持していたアトレイシア（アトランティス）の長老たちは、古い言語を持ち出し、コミュニケーションのための人間の声の使い方の指導を始めました。小人数のグループが言葉によって関係性を築けるようになるまで、ボディランゲージと発声された音が役にたちました。

バベルの塔のたとえ話は、当時の困難な状況を反映しています。

ヘブライ語聖書の最初の書「創世記」の物語には、このように記されています。

バビロニア人は、強大な都市と「天に頂上を持つ」塔を建設し、自らの名を高めようとした。神は、労働者たちの言葉を混乱させ、もはやお互いを理解することができない

ようにして、その仕事を断ち切った。

この物語は、まるで人類が初めて地上に住み始めたばかりのときのように、人々がいかに苦労したのかを明らかにしようとしています。

前のアトレイシア（アトランティス）のユニティサイクルを思い出すことは、移行世代の深い記憶をかきたてました。

けれども、それが神話やたとえ話の中に持ち出されたとき、より大いなる叡智は失われてしまったのです。

『ヨハネの福音書』にある、「初めに言葉があった、言葉は神と共にあり、言葉は神であった」は、地球の生命に対する人間の理解が、完全に変化したことを明確にした上で、圧倒的な二元性のサイクルの影響と、人類の新たな反応の始まりを結びつける試みと言えます。

今回のサイクルの特別な変化

This Particular Change of Cycles

今回のユニティへの移行は、過去のサイクルのシフトと何が違うのでしょうか？

私たちは、今まで体験してきた二元サイクルを後にして、新しいユニティサイクルの影響下へと移行を始めていますが、今回のシフトは、過去の文明がかつて一度も直面したことがないものです。

二元からユニティへの過去のシフトでは、各人が個別に、すべての内的葛藤と未解決の問題を解放することは、前提条件ではありませんでした。

代わりに、誰もが自動的にユニティ意識に移行し、抑圧された内なる葛藤はそのままでした。そのため、人類はレムリア（レム・ウーラ）時代の一つ前にあった「ノア文明」（124ページ参照）までさかのぼる、膨大な未解決の問題を持ち越したままになっているのです。

過去何百万年もの間、人類と協力してきたさまざまな星系システムから来たすべての永遠の魂は、今回のユニティサイクルの中間点をめどに地球を離れつつあります。

もし、人間のスピリットと古くから協力してきた永遠の魂たちが、ほかの星系に移住するのではなく、あと何サイクルか地球に留まるなら、「ノア」以降の二元のサイクルで培《つちか》われ蓄積された内なる葛藤や、未解決の課題の「一気捨て」としか言いようのない事態に直面することはなかったでしょう。

今人類は、人種的な部族主義によるジャッジ、ネガティビティバイアス、学習した偏見を表現し始めました。

華々しいカオスの始まりの時です。

また、より大いなる叡智に目覚め始めた膨大な数の人たちも存在します。

１９３０年代から１９４０年代にかけて、西洋において、東洋思想とスピリチュアリティの実践の動きが始まりました。少数の覚醒した教師たちが、すべてがつながりあっていること、そして**ユニティのメッセージ**を提供し始めたのです。

2つの例を挙げましょう。

この2人の輝きが西洋人のマインドを整え、インドで学ぶ人々の旅が始まったのです。

パラマハンサ・ヨガナンダはインドのヒンドゥー教の僧侶、ヨギ、グルであり、彼の組織であるインドのセルフ・リアリゼーション・フェローシップ/ヨゴダ・サットサンガ・ソサエティー・オブ・インディアを通じて、何百万もの人々に瞑想とクリヤ・ヨガを紹介しました。

彼が教えた、人の意識を高めるための実践とテクニックの系譜は、最も効果的です。ヨガナンダは、アメリカ人の集合的なスピリットの個性が新時代《ニューエイジ》を切り開く助けになることを知っていました。ですから、その大きな可能性に影響を与えられればと願いながら、最後の32年間をアメリカで過ごしました。

もう一人は、哲学者であり、講演家、作家でもあるジッドゥ・クリシュナムルティです。彼は世界的な教師に、そして神智学協会の会長になるべく育てられました。

しかし、協会が行っている支配的な登録・入会方法を続けることを望まず、同会から脱退。その後、心理革命、心の本質、瞑想、ホリスティックの探究、人間の関係性をテーマに仕事を続け、社会にラジカルな変化をもたらすための活動をしました。

クリシュナムルティはすべての人間の精神に「革命が必要である」ことを強調し、宗教、政治、社会など外部のいかなる存在も、そのような革命をもたらすことはできないと強く訴えました。**変革は、内面の深みから生まれる意欲、そして特定の技術や訓練の真摯な実践をとおして、内側から起こさなければならない**のだと。

この2人の人物の考え方が、西洋文化に初めて提供されて以来、何千人もの才能ある教師や多くの覚醒した人々が、「自己覚知した人間存在とは何か」を次の世代に伝えてきたのです。

「光の12日間」の新しい解釈に入る前に、私たちの太陽系、より具体的には地球における人間存在の本質を理解しておくことが役に立つでしょう。

地球人は「創造」の中では珍しい存在なので、多くのほかの星系、ほかの領域、隣接する次元現実からの訪問の対象になっています。

計り知れないほどの広大な時間をかけ、この太陽系で人類がどのように進化してきたかを完全に理解するためには、二元性からユニティへの周期的シフトを繰り返す、長い歴史に関する詳細を知ることが不可欠です。

次の章は、この太陽系における私たちの長期にわたる歴史と、「二層の存在」から「三層の存在」への人間の生命の発展を説明しています。

第2章

アカシックレコードによる私たち人類の始まり

The Akashic Record's Version of Our human Beginnings

2人の天空の神と、太陽活動の大変化で地球が受けた衝撃

Two Celestial Deities and the Impact from the Major Change in Solar Activity on the Earth

２００１年から２０１１年までの10年間に、二元からユニティへの移行が中間点で行われたあと、アカシャにおいて、遠い過去に太陽系を訪れた「人間タイプの存在」によって記録されたデータが公開されました。彼らは、私たちの惑星が生命を形成し始めたときに、遠くの星系からこの地に到着したのです。

アカシャは、「マルデック」と呼ばれる木星の惑星サイズの月に始まり、火星、そして最後に地球と、３つの別々の世界で人間型存在たちがどのようにスタートしたのかを示しています。

この非常に古い情報は、マルデックから火星へ、そして火星から地球へと移住した人間型存在によって、地球のアカシャに記録されたものです。

彼らは軌道上の観測システムから地球の探査を開始しました。地球が居住可能である

と判断すると、地表の荒れていない地域に人口が集まる場所を建設し始め、当時のすべての主な陸地の地下に、それほど精巧とはいえない地下コミュニティを建設しました。

私たちの星のシステムは、**２人の聖なる「セレスティアル存在――天空の神」によって守られてきた**ことを理解することが非常に重要です。

２人の天空の神は、この惑星に生命の種をまき、その発展を導いてきました。

現在、地球のスピリットとして私たちを守っているのは、太陽系に生命をもたらした２番目の聖なる存在です。

アカシックレコードでは、この神を「ガイア」と呼んでいます。

最初の天空の神、セレスティアル存在がいつ地球を去ったのか、正確に判断することは不可能です。地球を取り巻くエネルギーフィールドに刻まれた記録には、最初の神は火星を中心とし、太陽がすべての惑星を同時に加熱する、激しい活動の新しい段階に入る直前に、このシステムを離れたことが示されています。

そのため、太陽系内のすべての生命は、聖なる存在によるエネルギーの遮蔽《しゃへい》効果を受けることなく、自力で生きていかなくてはなりませんでした。

太陽活動の変化はますます増大して、非常に強力な電磁波を含む、激しいプラズマが大量に放出されました。

すべての惑星がある程度影響を受けましたが、金星、地球、火星、マルデックは、その配置の関係もあって、この静電気放電の影響を大きく受けることになったのです。金星と地球はかすり傷、火星とマルデックは直撃を受けました。金星の大気は濃く、どのような影響を受けたのかは定かではありません。

地球が受けた衝撃によって、アメリカのアリゾナ州北部に、今や愛を込めてグランドキャニオンと名づけられた大峡谷ができ、同時に衝突ポイントの西側にある陸地が隆起しました。

地球では、衝突の時点で、地質学者が西部内陸海路と呼ぶ大きな内海があり、北は巨大な氷河、南は現在のユタ州南部とアリゾナ州北部の山々によって縁取られていました。

この内海の海水は、現在のカリフォルニア湾に向かって急速に流れ出しました。

地質学者は、コロラド川がグランドキャニオンを刻んだと推測しています。が、排水された内海は、比較的短期間に数百万年分の水の浸食と表現される結果を地表に残したのです。コロラド川は、最も抵抗の少ない道筋を選びながら、海へと向かっていったわけです。

どれくらいの期間かは不明ですが、地球にはマルデックや火星から来た人間型存在が住んでいました。太陽エネルギーの直撃後、マルデックと火星から移住してきた人間型のスピリットは、彼らの世界で起きた出来事に関する情報を、地球のアカシャに記録しました。

火星への直撃は、火星上にグランドキャニオンのような傷跡を残しました。地球で言えば、ロサンゼルスからニューヨークまでに相当する距離の傷跡が広がっています。マルデックは破壊され、現在は火星と木星の間の小惑星帯と呼ばれる隕石帯となっています。

なぜ、惑星マルデックだけが破壊されたのか？

Why was Maldec the Only Planet to be Destroyed?

マルデックという星の表面は、ボーキサイト鉱石で覆われていました。

ボーキサイト鉱石は、主に水酸化アルミニウム鉱物からなり、シリカ（二酸化ケイ素）、酸化鉄、二酸化チタンから構成されています。

惑星上の気候や大気が安定していたため、マルデック人は豊富なアルミニウムで地上と地下に住居を作りました。「窓」も透明なアルミニウム合金でした。ボーキサイトはまた、クリーンなエネルギーキャリアである水素の開発にも使用され、水素はマルデック社会のあらゆる面を動かす土台のエネルギーシステムとなったのです。

人間型存在のマルデック人が生活するために、必要な下層大気のクリーンエネルギーを枯渇させないように、彼らは水素ガスを過剰に生産しました。

自分たちを守るために、水素ガスを大気圏外まで輸送し、凍結した水素を貯蔵していました。水素が必要なときに、地上へ輸送するという非常に効率的なシステムでした。

ところが太陽から放出された電磁波を含むプラズマは、大気圏上層部に大量の酸素を送り込んだのです。その連鎖反応によって水素が発火しました。マルデック星には、ほかにも揮発性の物質がありました。


不幸なことに、その衝突の瞬間、マルデックは木星を回る軌道に乗って、火星に最も接近する場所まで来ていたのです。


電磁エネルギーの直撃とマルデックの爆発による衝撃波が重なり、火星の中心の金属の核の回転速度が変化しました。火星の通常の自転速度の半分まで減速し始めたのです。

太陽の電磁波が襲う前の未知の期間、火星の人間型の住民は、赤道と極の中間点の地表にわずかな人口の地域を持つだけで、ほとんどの住居は地下に建設していました。

これはマルデック人の住居を真似たものです（人類が火星に戻れば、地下施設が見つかることでしょう）。地下に住んでいたので、少数の人々は助かったかもしれません。

しかし、火星の金属の核の回転は劇的に遅くなり、太陽の放射線から身を守る磁気圏はもはやなくなってしまいました。さらに、マルデック爆発の衝撃波が木星と火星の間を往復したため、火星の酸素を豊富に含んだ大気は破壊されました。こうして火星のすべての生物はシステマティックに滅亡したのです。

火星の周りを回る2つの衛星は、マルデックの残骸です。アカシックレコードに示されたこの2つの月の未来は、1つの月はやがて太陽系の外にスピンオフし、もう1つの月は軌道が低下し続け、やがて火星に衝突するでしょう。

太陽エネルギーの直撃は、地球の極性を急激に変化させました。その後まもなく、地球もマルデック爆発の衝撃波の到来を経験しました。

アカシャによると、太古の地球には2つの月があり、いずれも楕円軌道で地球を周回していたことが記録されています。

2つの月のうち近いほうが大きく、現在の月の3分の2ほどの大きさがあり、地球の周りを細めの楕円軌道を描いて回っていました。

一方、小さいほうの月は、質量が約半分で、楕円軌道の幅が広く、大きいほうの月よりもはるかに速い軌道を描いていました。

軌道が異なるため、２つの月は定期的に地表の水や大気に複合した影響を及ぼしました。小さいほうの月が地球から最も遠くなったときには、地球との間の重力場が大幅に減少しました。また、月同士が接近する軌道では、双方の重力の影響によって地球に近いところの大気は水蒸気の濃度が高くなります。

そのため、地表に届く太陽光は現在と比べ約40％減少しました。

一方、大きいほうの月の軌道は、現在の月の約3分の2、小さいほうの月の軌道は、最も遠いところで現在の月の約2倍も地球から離れていました。

マルデックからの衝撃波が地球に到達したとき、小さい月は地球から最も遠いところにあったので、その軌道は大きく影響をうけました。結果、小さな月は大きな月と衝突するコースに移動してしまったのです。

最終的に衝突した2つの月は、太陽系へ飛び出しました。
最初の天空の神に関連するアカシックシンボルから読み取れる限りでは、小さいほうの月は大幅に小さくなり、小惑星として小惑星帯の外側にとどまっています。大きいほうの月は海王星の周りを逆行する軌道に乗り、現在ではトリトンと呼ばれています。トリトンの表面の衝突痕は今でも見ることができます。

その後、現在の天空の神、セレスティアル存在であるガイアが太陽系に宿るまで、地球には月はありませんでした。地球の表面の状態を安定させるためには、軌道をめぐる構造体が必要でした。

現在の月（330ページ参照）は、かつてマルデックの爆発の衝撃波の範囲外の木星の軌道上にありました。オリオン系の存在が、マルデックと火星上で発展している「二層の人類型生命体」をモニターするために配置したのです。

つまり観測用の基地だったわけで、地球に持ち込まれたのも同じ目的でした。軌道上に月が戻った結果、地球の海と大気を安定させることができました。

太陽エネルギーの衝突とマルデックの衝撃波は、絶滅レベルのイベントではありませんでした。が、陸上の生命体の生息地は再編成され、地球規模の海流の劇的な変化を引き起こしました。地上の生命体は大きく変化したのです。

マルデックの衝撃波は、地球の大気の上層部を地表近くに押しつけました。

それが地球の自転にともない、動物や植物が局所的に瞬間凍結する現象を引き起こしたのです（地球温暖化が進み、現在の陸地を覆う氷が溶けてゆくと、瞬間凍結した生物が発見されて研究が始まるでしょう）。

地球の周りを回る月がないため、気象パターンの予測がほとんど不可能になり、植物を含むあらゆる生命体の大規模な移動を引き起こしました。

地球上に前哨基地を持っていた火星やマルデックの人間型の存在は、世界中に建設された地下の基地で生き残りました。

主な中心地は、ロシア西部にある現在のウラル山脈の地域、現在のトルコの地域、および中国の内陸部でした。また現在、ボリビアと呼ばれる地域、パタゴニア台地と呼ばれるアンデス山脈の東側斜面、南極大陸の中央内陸部の平原などにも、いくつかの地上の人口が集まるセンターが存在しました。

地球外存在たちは、新しい月を現在よりもずっと地球に近い周回軌道に固定しました。こうすることで、２つの月が地球の周りを回っていたときと、ほぼ同じ重力が得られるようになりました。

新しく設置された月は、哺乳類が生息できる条件の大気が整うまで、徐々に地球から遠ざかっていくように設計されていました。ただ、残念なことに、既存の大型の動植物は減少してしまいました。地球の環境が安定すると、人間型の生物のほとんどは、火星とマルデックに帰っていきました。

アカシャには、彼らがその後再び地球に戻ってきたのかなど、最終的な結末は記録されていません。地球に残った人間型存在たちは、大型の捕食者のいない地域で、純粋に原始的なサバイバル生活を送るようになりました。

人間活動の前進
Moving Forward in Human Activity

太陽からの電磁波の放出は、太陽系のすべての生命の方向を変えました。

太陽の電磁波の直撃後、地球は太陽系で唯一、生命を進化させることができる世界となりました。最初の聖なるセレスティアル存在、天空の神がヴィジョンに描いた「永遠の魂が人間として転生できる生命体の出現」はまだ可能だったのです。でも、地球を包み生命を守る聖なるエネルギーなしには、大変難しいチャレンジでした。


オリオンとプレアデスの地球外存在たちは、太陽系の生命の進化を導く天空の神が不在でも、オリジナルのヴィジョンを完全に達成できると判断したのです。

彼らは、地球に生存していた「二層の存在」と交配するプロセスを開始しました。異なる遺伝子ファミリーを組み合わせることで、太陽系すべてにおける生命活動に、より適した新しい種族を生み出す、というのが基本的な考え方でした。

おそらくこのような地球外存在たちの動きに呼応してくれたのでしょうか、現在の天空の神、ガイアが太陽系に宿り、全生命のさらなるリセットに協力してくれるようになりました。

天空の神は、自身のフォーカスを地球に定めました。マルデックと火星から移住してきた進化するスピリットや植物、動物が、すでに地球を故郷としているすべての進化するスピリットとともに地球上で転生していたからです。

少数のオリオンやプレアデス星系の太陽系外のスピリットたちも地球に連れてこられました。地球上の生命は、天空の神ガイアのエネルギーに包まれ、守られて、繁栄し始めました。何十億ものさまざまな生命体が進化し、やがて自然に絶滅していきました。

アカシャは、そのエネルギーフィールドの中に、非生物と感覚を持つ生命形態のすべての詳細を保持しています。この太陽系に宿る先代の天空の神のヴィジョンを知っていたオリオン系の存在は、人間型の存在を支配的な種として発展させることに興味を持ちました。ガイアはこれに同意しました。

６５００万年前、科学史でいう新生代に、地球の生命がさらに安定すると、残った人間タイプの生物の中から、より高次の意識に進めるものを選ぶことができるようになりました。

その時代には、異なった遺伝子を持つ12種類の人類が存在していました。その中には火星やマルデック星で生まれた遺伝子系統もあれば、正真正銘の太陽系外の存在もいました。何度かの試行錯誤ののち、新しい遺伝子のハイブリッド種がつくられたのです。

地球外から来た永遠不変の魂の２つのグループ
――オリオンとプレアデス

Orion and Pleiades, Two Groups of Eternally Constant Souls from outside of Solar System

昔も今も、地球上のすべての生命体は、植物・動物ともに、物理的形態（肉体）と、それを導く進化するスピリットという「二層からなる存在」です。

ガイアは人間の生命に関するヴィジョンの一環として、火星とマルデックの人間型存在である「二層」の表現から、「三層」の表現体へと、地球人を進化させようとしたのです。

新しい人種《ニューヒューマン》は、本能的な知性を持った肉体《ボディ》が、常に進化し、戦略にフォーカスした直感的知性を持つ霊体《スピリット》によって導かれながら、ユニバーサルマインドにつながる**永遠不変の魂《ソウル》によって動かされる存在**――2つの強力なエネルギーベース、一方は進化し、もう一方は永遠不変のエネルギーを備えながら、両者が一つの存在として物理的な肉体を通して表現するのです。

このヴィジョンを達成するため、ガイアは「感覚を備えた哺乳類ベースの観察体を通して、この次元現実を観察したい」と望む、永遠不変の魂を必要としました。

そこで、**永遠不変の魂の2つのグループが、地球外の星系から集められました。ひとつはオリオンから、もうひとつはプレアデスからです。**地球外存在たちによるさらなる遺伝子のバイオエンジニアリングは、永遠の魂の指導のもとに進められました。

魂たちの協力のもと、我々のバイオエンジニアたちは、永遠の魂が感覚を持った肉体を通して、人間のスピリットと協働するための必要な変化をもたらすことができました。

永遠の魂存在から発せられる、非常に深いレベルのエネルギーに耐えられない種の人口は減り始めました。進化するスピリットと永遠不変の魂という、葛藤するエネルギーに耐えることができたのが、現在の人類という生命体です。

ネアンデルタール人は、そのすぐ次に誕生しました。新しい生命体である現代人は、今、地球にしっかりと根を下ろしています。


興味深いことに、オリオンとプレアデス以外の星系から移住してきた永遠の魂の新しいグループごとに、人間のハーモニクスにわずかな調整を加えることが必要でした。私たちがＲｈ因子と呼ぶものは、火星とマルデックに起源を持つ人類の遺伝的側面です。

地球で最初に発達したハイブリッド型人間の血液型はＡ型でした。

新しい突然変異が起こるたびに、元になった血液型が変化して、ＡＢＯグループが生まれ、最後にＡＢ型が誕生しました。

さまざまな星のシステムからの永遠の魂を受け入れるために、細かい遺伝子の変異が必要となり、基本的にそれが人類の遺伝子にバリエーションを生み出したのです。

たくさんの永遠の魂たちが、この次元現実をスピリットと協働しながら観察する証人として、地上に転生を望むようになりました。

それにつれ、人間の感覚意識をレベルアップするために、より多くの進化する地球のスピリットが必要になってきました。進化する人間のスピリットは、地上のあらゆる生命形態、つまり植物や動物の転生を体験してきているのです。

動物のスピリットが転生して人間のスピリットにレベルアップするわけですが、この初めて人間になった感覚意識に、動物としての最後の転生のスピリットは、深く影響を与えます。また、植物をガイドしてきたスピリットが、次に人間のスピリットに転生することも可能ですが、これは極めて稀《まれ》です。

何百何千万ものスピリットが人間形態へとジャンプしたとき、新しい人間たちの社会に部族主義という、より原始的な生活システムが生まれた時期がありました。

部族主義には、常に「仲間に受けいれられている安心感」があります。

ですから現人類のごく初期の集まりの多くは、人間の脳の自然な機能である「ネガティビティバイアス」のみから生活していました。

人間がより大いなる目的にフォーカスできるように、ガイアと地球外生命体は多大な努力を重ねました。

地球外生命体による、さらなるバイオエンジニアリングの調整によって、人類の知的能力は急速に向上し、その結果、部族間の協力体制が整いました。ネガティビティバイアスは今日まで残っていますが、はじまりの頃に比べれば、かなり減少しています。

私たちの集合意識——ガイアのマインドの層について

Our Collective Mind - a Layer within the Mind of Gaia

アカシャは、あらゆる意味で、ガイアのマインドです。ガイアの輝きは、地球のさまざまな次元に存在する、すべての生命に対するガイアのヴィジョンの表現です。

ガイアは、最初の太陽系の天空の神からヴィジョンの細部を受け継いだものであり、いわば天空の神のウォークインといえます。

ガイアは、まったく新しい生命観を押しつけるのではなく、自身の前身である聖なる存在の生命観の大部分をそのままに、地上に残った生命体を安定させました。

ガイアのヴィジョンは、植物と動物を含むすべての生命体の感覚意識を拡大することでした。私たちの物理的な肉体とスピリットは、そのヴィジョンの現れなのです。

人間である私たちも、ガイアのマインドの中に存在しています。ガイアが創造主のマインドの中に存在するように。

私たちの永遠の魂は、創造主のマインドの個々の粒子です。永遠の魂がガイアのマインド内で協働《コラボ》するとき、創造主は自身の創造を無限に近い、最も細かいレベルで目撃することができます。これこそが、コラボレーションの深遠さです。

私たちの進化するスピリットは「創造の始まりの瞬間」までさかのぼって創造主その

ものを知り、永遠の魂は創造した次元のすべての中で、最もシンプルな構造体にまでさかのぼって知ることができます。この意味で、**すべては「マインド」なのです。**

私たちの身近な現実のあらゆる細部は、合意された投影の現れなのです。

これは潜在意識のレベルで起こります。

もし３人の人間が同じ部屋に座っていたら、彼らは無意識のうちに床から壁、天井まで、自分たちが合意した現実を維持します。すべての構造的な特徴は、家具やアクセサリーと同様に、無意識のうちに合意されています。

ただ３人にとって、部屋の細部はすべて微妙に異なっています。この意味において、３人はそれぞれ別の部屋にいると言えます。

一人ひとりが現実をどう知覚するのかによって、違いが生じるのです。

期待・予測は、投影された合意を活性化します。

私たちは、壁がしっかりしていること、窓が透明であること、床が私たちの体重を支えてくれることを期待しているのです。期待は、私たちのマインドが投影された、目の前の現実の最も小さな部分を埋め尽くします。

時間と空間が永続的な幻想であることを理解した上で、私たちは合意に基づいて投影された現実を、順を追って進む時間と空間の関係性の中で複製していくのです。

「空間のない時間」は存在しませんが、「時間のない空間」はあり得ます。

数学的には、あなたが経験する時間は、観察者であるあなたが空間内を移動する速度に依存します。私たちがこの現実に存在できるのは、三層からなる協働するマインドがあるからです。動物たちのような二層のマインドは、時間に支配されない、合意された現実に存在しています。

創造のはじまりの瞬間、意識《コンシャスネス》があった。その直後、エネルギーが存在した。
そこには意識とエネルギーしかなかった。
感覚意識《アウェアネス》が生まれるまで、知ることのできないほどの時が流れた。
知ることのできるすべての創造の土台

「大いなるものすべて――ALL THAT IS」は、
意識・エネルギー・感覚意識の三位一体である。――ガイア

ガイアのマインドであるアカシャには、エネルギーの層があり、それぞれは感覚意識《アウェアネス》と呼ばれる、異なるハーモニーと周波数を持っています。

各ハーモニクスは生命体（ボディ、スピリット）のエネルギー源です。

生命体が地球上で進化するにつれ、アカシャにあるハーモニクスは隣接する同じような周波数と混じり合いながらシフトします。

そして、それぞれが特定の生存反応パターンを進化させるようになります。

このようにして、同一種の中に、外見や能力のバリエーションが生まれます。

ある生命種が絶滅した場合、その生命体の源であったハーモニクスの帯は、隣接する帯に吸収されます。隣に吸収されない場合は、相互進化や再進化により、再び物理的な形体で現れることができます。

この仕組みは、三層の協働体である人類も同じです。

永遠に不変の魂は、「創造を目撃したい」と望むエネルギーのハーモニクス層に一致します。永遠の魂は、ガイアのマインドが具現化された存在ではありません。

私たちの魂は、進化するスピリットと協働するために、構造化された一連の境界内に存在することに同意しています。永遠の魂に課せられた主な制限とは、「魂意識は、スピリットの感覚意識の主権を侵してはいけない」ということです。

進化するスピリットの感覚意識が、特定の調和周波数に達すると、そのスピリットは展開する時間の中で、直感を通して永遠の魂を招待します。完全なコラボレーションをするためにです。

この意識と感覚意識、つまり顕在意識の拡大が「自己覚知」と考えられています。

コラボする人間のスピリットが、目の前の経験の詳細のすべてを支配する必要性を完全に解放するとき……**「大いなるものすべて」について、正しくある必要性を手放したときに覚醒が訪れます。**

そのとき、完全に協働する三層のマインドは、合意した境界線から自由になるのです。

永遠の魂が地上で協働するために使う方法

The Method Eternal Souls Use to Collaborate on Earth

すべての天空の神――セレスティアル存在は複合的存在です。

創造主の意識との直接のつながりから解放されたまさにその瞬間、天空の神は「12の永遠の魂」により構成され、協働する一つの存在として誕生しました。**ガイアは、天空の神として、太陽系に「万物の創造主」と同じように創造する力をもたらしています。**

ガイアは、太陽系のエネルギー境界内に存在する「7つの隣接する次元現実」のエネルギーを見守っています。

ガイアを構成する「12の永遠の魂」は、それぞれ特定の性質と機能を持っています。

ガイアを思い描くとき、その存在は創造エネルギーに溢れた、太陽のように輝く巨大な円盤のように見えるでしょう。

古代文明に伝わる多くの神話は、ガイアの本質と、ガイアと三層からなる人間との関係を言語化しようとした試みでした。

バビロニアやアッシリアの宗教、ミトラ教、ゾロアスター教は、すべて太陽崇拝が中心となっています。バビロニアの太陽神シャマシュは都市ラルサで崇拝され、ハムラビがシッパルでその信仰を広めました。後のローマ帝国のソル・インウィクトゥス信仰は、ガイアの像を崇拝するものです。

ギリシア神話の女神ヘスティアは、ガイアとつながる試みだったのかもしれません。

バビロニアの太陽神シャマシュ(右)

ギリシア神話の女神ヘスティア

太陽神アテン

彼女はすべての神々の中で最も優しく、最も慈悲深い存在とみなされています。おそらく、穏やかで温和な神や女神の最初の例でしょう。

古代エジプト人にとって、ガイアは太陽神アテンでした。そのシンボルの原型のデザインは、12本の光線が下向きに伸びているものです。道教や神道などの東洋宗教は、自然そのものを創造の神聖な女性的な側面とみなしています。

ガイアは、そうしたあらゆる可能性を包み込み、例外なく、すべての生命の神聖さそのものを体現しているのです。

この時代、ガイアが唯一、一度だけ物理的な形体に宿ったことがあります。

それは人間の女性で、死後アセンションして純粋な光となりました。

その存在は、日本の天照大御神《あまてらすおおみかみ》として知られています。

この神は「物質世界と光の象徴である」と言われています。

興味深いことに、現代の西洋の宗教は、異世界の男性存在を崇拝しています。

独断的な宗教の教義に定められた正しい方法で崇拝しない者には、恐ろしい罰が与え

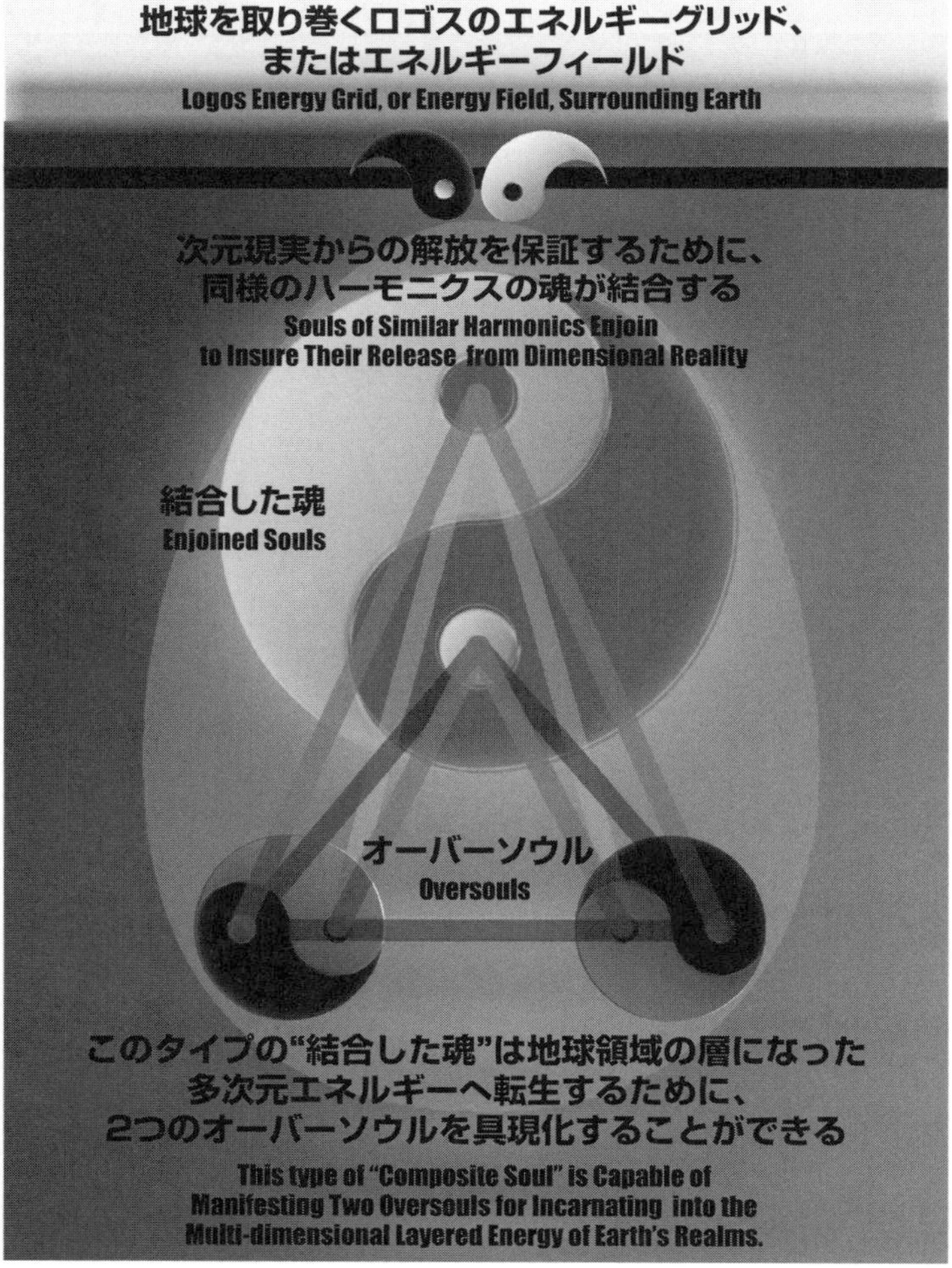
地球を取り巻くロゴスのエネルギーグリッド、
またはエネルギーフィールド
Logos Energy Grid, or Energy Field, Surrounding Earth
次元現実からの解放を保証するために、
同様のハーモニクスの魂が結合する
Souls of Similar Harmonics Enjoin
to Insure Their Release from Dimensional Reality
結合した魂
Enjoined Souls
オーバーソウル
Oversouls
このタイプの"結合した魂"は地球領域の層になった
多次元エネルギーへ転生するために、
2つのオーバーソウルを具現化することができる
This type of "Composite Soul" is Capable of
Manifesting Two Oversouls for Incarnating into the
Multi-dimensional Layered Energy of Earth's Realms.

られると約束している神です。

ガイアのマインドのエネルギーの領域は、太陽系全体を含みますが、その焦点は、主に地球の次元に当てられています。

永遠の魂が、ガイアのマインドの多次元的な領域、その中の地球という物理次元に直接入るためには、特定のハーモニクスを持ったエネルギーネットワークを地球の周囲に創る必要がありました。

地球のエネルギーフィールドと、ガイアの波動に調和したエネルギー網《グリッド》を、天空の神のエッセンスの影響が直接及ばない場所に確立する必要があったのです。

ガイアの呼びかけである放射エネルギーに応えて、「12のロゴス」という存在が、特定の周波数を持ったエネルギー網を地球の周りに張り巡らせました。

「ロゴス」という存在は、創造主の意識から解放されたときに、３つの永遠の魂が集まって形成された複合存在です。

地球のエネルギーグリッドを創った「12のロゴス」は、今知られている「12の既知の宇宙」から、それぞれ地球にやってきました。これは極めて稀な出来事です。

アカシャから解釈できる限り、これらの**「12の存在」は「起源となるロゴス」と呼ばれています**。アカシャには彼らの正確な性質については、あまり多くの情報は記されていません。創造されたものには階層《ヒエラルキー》がありますが、「12のロゴス」が階層のどこに位置づけられるかは不明です。

古代ギリシア語では、ロゴスは「普遍的な聖なる表現」を意味します。宇宙のあらゆる不完全さを超越する自然界に不可欠な存在です。

永遠の魂がスピリットと協働して、ガイアのマインド内の7つの隣接する現実の中に転生しようとするとき、「12のロゴス」の一つを選び、そのロゴスが支配する影響力のもとに地球のアカシャとつながります。

ツインソウル（双子の魂）――お互いの完璧な映し

Twin Souls —— A Perfect Mirror of Each Other

ロゴスの構造とガイアのエネルギーグリッドの違いは、地球のグリッドが未知数の交差ポイントを持っているのに対し、ロゴスのグリッドは12の交点を持っていることです。ロゴスのグリッドの12の交点は、永遠の魂がガイアのマインドに入るためのゲートウェイ、つまり入り口です。

永遠不変の魂がガイアのマインドに入り、地球のスピリットと協働して転生するためには、永遠の魂は、ほぼ同じハーモニクスを持つ別の永遠の魂と結合する必要があります。この結合によって、双方の魂はガイアのマインドの深遠で魅力的な多次元エネルギーに囚われたままになることなく、地球を去ることができるようになります。

古代の文献では、結合した魂は**ツインソウル（双子の魂）と呼ばれています。**

今日《こんにち》のスピリチュアリストも、この言葉を使って結合した魂を識別しています。

ヒンズー教やマヤの彫像などに見られるような、古代の双頭または多頭の描写は、ツインソウルの概念を表していると考えられています。

シュメールでは、ツインソウルの象徴として、２つの尾を持つライオンの頭が描かれています。また、インドの聖典のひとつ『マハーバーラタ』やプラトンの『饗宴』など、多くの古い文献にツインフレイム（双子の炎）という言葉が使われています。

ツインソウルは、お互いの完璧な映しです。魂は原因と結果の境界線の外側にあり、学習はしません。協働する進化するスピリットの感覚意識の「変化し続ける生存戦略」を目撃しながら、情報を収集するのです。

人間のスピリットは、この次元現実の中では、支配的な存在です。ツインソウルが出会うと、彼らの進化するスピリットは即座に自分と同じハーモニクスに反応します。もしどちらか、もしくは両方の魂が人生の難しい状況に苦しんでいる場合、ツインの完璧な鏡が、その状態をもう一人のツインに映し出します。

自分のツインソウルと出会うことは、完璧にお互いのハーモニクスが合っているわけですから、とても抗しがたいものになります。同時にこの出会いは、進化するスピリットという密度の濃い状態を通して見たとき、大きな混乱を引き起こす可能性があります。

でも２人のスピリットが自分を守ろうとする壁を手放すなら、魂の放射が輝き出します。そして、２人の関係性は、ボディ、スピリット、ソウルの驚くべき結合となるのです。

永遠の魂、そして魂のグループの構成について

Makeup of Eternal Souls, and Soul Groups

私たち永遠不変の魂は、創造主のマインドの中の存在です。創造主の意識の粒子そのものであり、創造主の知られている《ノウイング》側面です。

永遠の魂が「**創造——大いなるものすべて**」へと解き放たれたとき、創造主の意識を反映した６つのエネルギーベースの側面で構成されました（以下に提示する６つの形態の定義は、現代のスピリチュアルの用語です）。

永遠の魂が創造主と関係を保持し、常につながっているのは、**キリスト体《ボディ》（Christ**

Body）においてです。

アンドロメダから来たある存在が地球を訪れ、永遠の魂の意識レベルを引き上げるまで、このことを地球に転生した魂は知りませんでした。

アンドロメダから来た存在は、サナンダと呼ばれていました。

魂と創造主のつながりを最も明らかに公に示しているのが、次の聖句です。

『ヨハネの福音書』10章30節でイエスは、「私と私の父は一つである」と宣言しました。キリスト意識を認識する人間として、彼はキリスト体《ボディ》とユニバーサルマインド――創造主とのつながりを話したのです。

物質次元の世界は女性性であり、非物質の領域は男性性のエネルギーです。以前の文化では、創造主はしばしば父、または聖霊と考えられていました。キリスト体《ボディ》は、次元の内外を問わず、創造のすべての側面と常にバランスを保っています。

永遠の魂の次の側面は、**セレスティアル体《フォーム》（Celestial Form）**です。この層を通して、

私たちのエネルギーの層

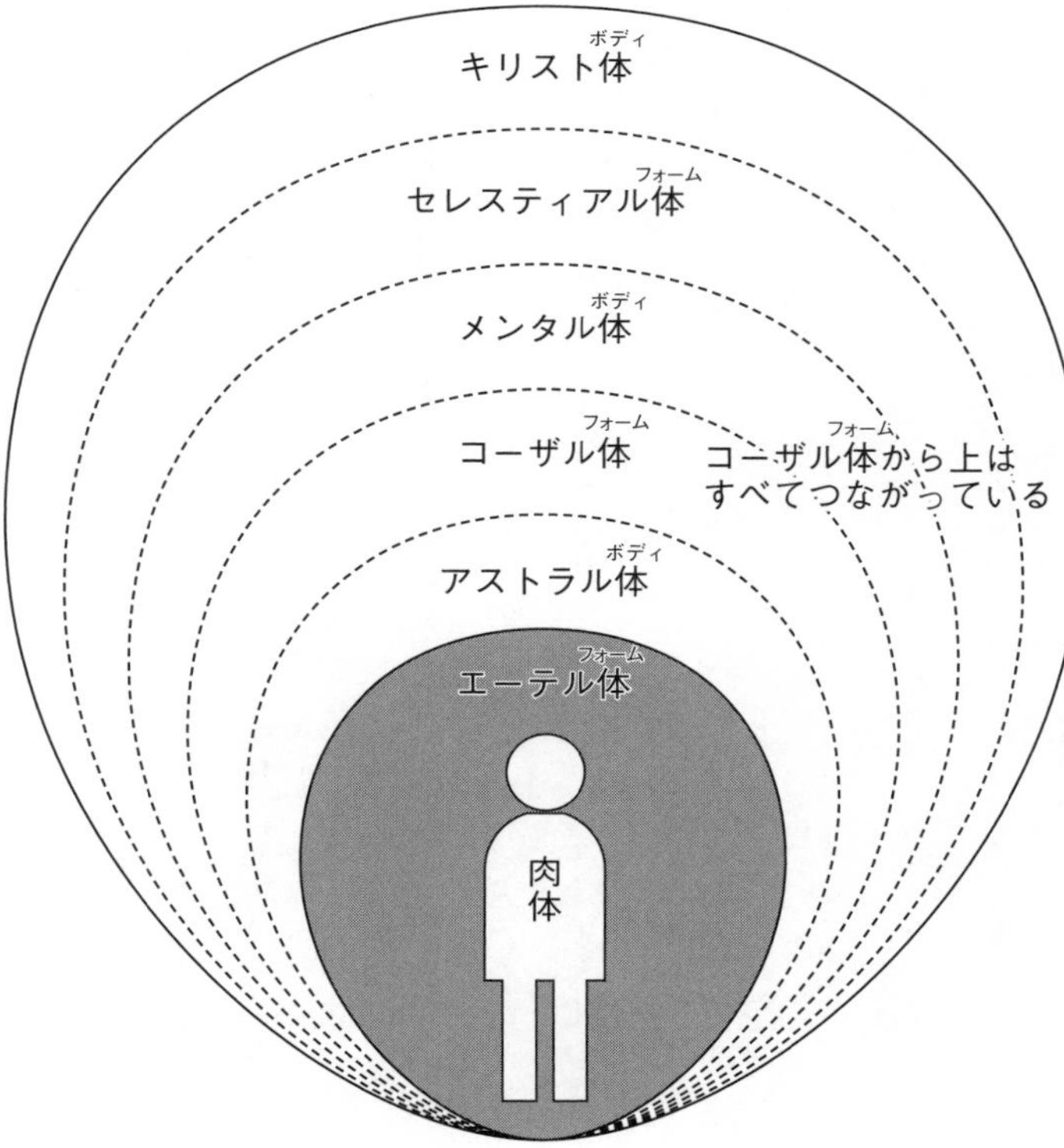

魂は天界の神々、大天使、天使存在たち、すべてのエレメンタル存在や隣接した領域の存在に至るまで、すべての存在とつながっているのです。

永遠の魂の次の側面は、**メンタル体《ボディ》**（**Mental Body**）です。メンタル体《ボディ》は、自分が目撃したすべてのデータを保持しています。ここには物質の領域から非物質の次元まで、すべての現実のレベルの「創造」のデータが含まれています。

次に**コーザル体《フォーム》**（**Causal Form**）ですが、これは物質界と非物質界を隔てるフィルターであり、永遠の魂がコラボしながら、物質次元の目撃者となることを可能にします。古代の瞑想やマントラを唱えるチャンティングのあるテクニックは、人間の感覚意識《アウェアネス》をコーザル体《フォーム》まで上昇させ、ソウルトラベルと呼ばれる幽体離脱体験をもたらすと言われています。

より洗練された次元の目撃体験は、**アストラル体《ボディ》**（**Astral Body**）から始まります。アストラル体《ボディ》は、３つの明確に異なる層に分かれています。アストラルボディの上位の層は、人間の感覚意識が地球での魂の協働における高次の現実と出会う場所です。

中間層は、私たち全員が深いデルタ睡眠中に訪れる場所です。

脳波がシータ波の状態のまま完全に意識的な活動を達成した多くの霊的修行者は、閉じ込められている物理領域を離れるために中位アストラル層を使います。これはアストラルプロジェクションとして知られています。

アストラルの下位の層は、堕落した、あるいは深く葛藤した思考エネルギー形態を閉じ込めるためのフィルターの役割をしています。

下位のアストラル層を訪れる唯一の方法は、特定の思考パターンとマントラを繰り返す、または儀式を行うことですが、あまりお勧めはしません。

永遠の魂の最後の側面は、**エーテル体《フォーム》（Ether Form）**です。

このエネルギーのヴェールは、スピリットベースの生命が存在する世界であれば、その生命体を包むエーテル体と同調することができます。

ここから、人間のスピリット感覚意識と永遠不変の魂意識の協働作業が始まります。

まとめてみましょう。永遠不変の魂はキリスト体《ボディ》、セレスティアル体《フォーム》、メンタル体《ボディ》、コーザル体《フォーム》、アストラル体《ボディ》、エーテル体《フォーム》という6つの側面を持っています。人間のスピリットとコラボレーションする場合、「魂は7つの側面を持つ」と言われています。これは人間の肉体とスピリットを一つの表現としてカウントした場合です。

永遠の魂は、地球のような一つのシステムから次のシステムへ、集団で移動します。膨大な時間をかけて形成されたソウルグループは、通常、数百万人単位で構成されています。はるかに小さい数のグループは、魂が同一のハーモニクスの仲間を探すときに形成されます。

通常、すべてのソウルグループのメンバーの波動共鳴《ハーモニックレゾナンス》は非常に近いです。(補足ですが、波動共鳴は、特に次元現実において、ほかの力を超越する組織する力として定義できます)。

現在地球上には、オリオン、アルクトゥルス、シリウス、ベガ、ドラコナス、カシオペア、α《アルファ》ケンタウリ、ヒアデス、プレアデス、そして名前のついていない、いくつかの星系から転生してきたソウルグループが存在します。

永遠の魂は、スピリットとコラボする最後の転生で、そのスピリットをアセンションさせ、次の別のシステムに自分の一部として同行させることができます。

地球にも、そのようにほかのシステムからきたスピリットがたくさんいます。そのようなグループの一つが、プレアデスから地球に紹介された生命体――タコです。

オーバーソウル――「多次元共振周波数」を持つ意識体

An Individuated Consciousness Capable of a Multi-Dimensional Resonant Frequency

結合する永遠の魂は、同じソウルグループに属している必要はありません。

２つの永遠の魂が結合すると、双方が、証人として機能できる形体――オーバーソウルを作ります。地球の物理次元領域にマッチする**「多次元共振周波数」を持つ個性的な意識体になるのです。**

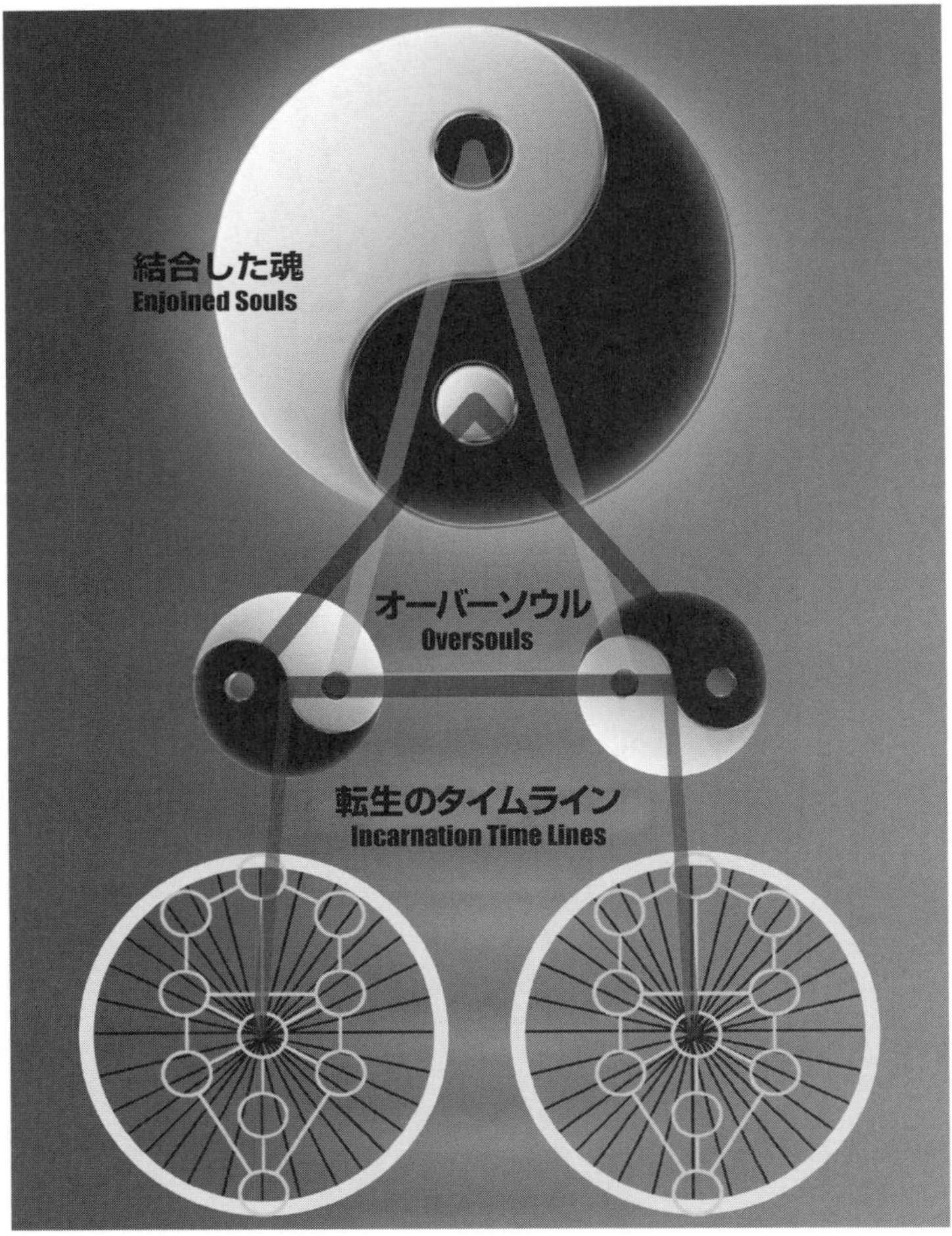
結合した魂
Enjoined Souls
オーバーソウル
Oversouls
転生のタイムライン
Incarnation Time Lines

ガイアの創造に惹きつけられる永遠の魂は、アーキテクトソウル――建築家の魂であると言えるでしょう。

オーバーソウルはこの太陽系の３つの異なる世界で進化してきたスピリットと協働可能な転生――タイムラインを作ります。あなたの人間のスピリットも、マルデックや火星のいずれかで生命を重ねながら進化してきた可能性があるのです。

でも十分な時間が経過したため、現在、地球上のほとんどのスピリットは、もうマルデックや火星のハーモニクスを表現してはいません。しかし人間のスピリットの中にまだ少数、火星の周波数の中で共鳴している人たちがいます。

結合した魂のオーバーソウルは、両方が必ずしもタイムラインを作成する必要はありません。珍しいことですが、一方のオーバーソウルは、転生が課す制約の外に残ることができます。そして、結合相手のオーバーソウルから、相手が体験しているタイムラインを通じて、その恩恵をフルに受けることが可能なのです。

この今というタイムラインに転生している**地球の人間のスピリットは、オーバーソウルを通して、何千もの永遠の魂とともに転生経験をしています。**

オーバーソウルとしての一つの永遠の魂は、平均して350のタイムラインを作成し、各転生では、それぞれ別の人間のスピリットとコラボレーションします。

この長年の転生システムの数少ない例外は、永遠の魂が複数の接続するタイムラインにわたり、特定の連続性を維持したい場合に起こります。現在、この例外を示している公人の一人は、ダライ・ラマ14世、法名テンジン・ギャツォです。

各人間のスピリットは、協働した永遠の魂たちのすべての情報を保持しています。永遠の魂は、「二層の生命体」を経て進化してきたプロセスで体験したあらゆる生命体のすべての情報と、そのスピリットがかつて協働したすべての永遠の魂の情報を保持しています。この中には、故郷の星の情報だけでなく、ほかの星系から移住してきた魂の情報も含まれるのです。

このような情報は、永遠の魂の内に保持され、創造の中を移行して到着する、新しい世界での生命の青写真として使用されます。

人類は、ＤＮＡの遺伝的知性、進化する直感的知性、そしてユニバーサルマインドとつながる永遠の魂という「三層の本質」がもたらす広大な力を持ち、すべての生命との深いつながりを表現し、示すことができる、実にすばらしい存在なのです。

第3章

過去41万6000年の人類の歩み

Humanity's Progression During the Past 416,000 Years

過去41万6000年の人類の歩み
Humanity's Progression During the Past 416,000 Years

先述の通り太陽の衝撃波の打撃を受けたあと、太陽系の生命がリセットされた出来事に関して、アカシャは膨大な期間にわたり情報を提供しています。

この間、地球には無数の文明が存在し、その中には2億600万年前までさかのぼるものもあります。いくつかは地球外存在たちの前哨基地でしたが、ほかは「二層からなる人類」の文明でした。彼らはある集合意識的な調和に達すると、隣接する次元領域へと集団でアセンションしました。

また、この宇宙ではない別の宇宙から来た私たちと同じような、永遠の魂を持つ「三層の人間」もいました。アカシャには、これらの集合体に関するデータがすべて存在しています。しかし、現在、地球で協働している永遠の魂は、遠い時代の存在の一員ではありません。

比較的「現在」と言える我々人類の歴史に近づくためには、**今の人類が、「ガイアのヴィジョン」を実現するための遺伝子工学の産物である**ことを理解することが重要です。「ガイアのヴィジョン」とは、進化する地球のスピリットがやがて地球生まれの魂となり、永遠不変の魂に代わって、「三層の人間」になることを可能にすることです。

「三層の人間」は、魂レベルの側面を持たなければなりません。このユニティサイクルの中間点、つまり**6500年から7000年の間のどこかで、現在地球で協働しているすべての永遠の魂は、彼らのスピリットのパートナーを魂レベルまでアセンションさせたあと、このシステムから天の川銀河の新しい世界へと移住していくでしょう。**

そのとき、すべての人間はただ地球にいるというだけでなく、地球生まれの肉体、進化した地球のスピリット、そして地球生まれの魂がコラボする、三層すべてが完全に地球の存在になるのです。

現在の人類は、今の時間形式を使って計算すると数十万年前から、いくつかの地球規模の集団社会実験を体験しています。過去の4つの地球文明の始まりがいつだったのか、時間枠を設定する方法はありませんが、1万3000年サイクルのどの種類を何回経験したかがわかっている場合のみ、各文明がどれ程続いたかを知る手段として使うことができます。

私たちの前には、ノア（ノー・アー）、レム・ウーラ（レムリア）、ポ・セーダ、アトレイシア（アトランティス）があり、それぞれに独自のサブセット、つまりより小規模の文明・文化が存在していました。

この4つ以前の過去の魂の集まりは、ムーアン（Mu-An）やバール（Ba-Al）など、地球上のさまざまな地域を中心とした小さな集まりがありました。

直近の二元性のサイクルの歴史では、シュメール、バビロニア、エジプト、ミノアなど地球上のさまざまな社会実験の興亡を記録することで、サブセット文化の性質を観察することができます。

現在転生している永遠の魂の多くは、レムリアとアトレイシア（アトランティス）時代が重なった時期に、初めて人間のスピリットとのコラボレーションを行っています。

現在の地球文明は、およそ1万3000年前に始まった、地球上で5番目の実験です。

アカシックレコードから解釈した以下の文明グループの説明は、各サイクルにおける人類の異なる文化とアイデンティティを示しています。

これまでの解釈では、一つのサイクルの終わりと次のサイクルの始まり、一つの極の影響から次の極の影響へ移行するときに起きた出来事の歴史を一瞥《いちべつ》するだけでした。シフトとシフトの間の期間に関する情報はなかったのです。

言い換えればサイクルがシフトするとともに、ある文明グループから次の文明グループへの移行、つまり先行する文明の最後のサイクルと、次の文明グループの最初のサイクルについてが、最近までアカシャで読み取れる唯一の情報でした。

でも、**私たちがユニティへのシフトポイントを超えたとき、これまでアクセスできなかったアカシックの情報が開かれたのです。**ここでは、各文明グループ内の細かいサイクルについては説明していません。

アカシャが開かれ、過去のグループの詳細な情報が含まれるようになると、それぞれのグループの定義を広げることができるようになりました。

以下は、過去50万年にわたる最近の文明の情報です。

ノア（ノー・アー）文明の約8万5000年前、太陽系の外からやってきた地球外生命体のバイオエンジニアが、人類のＤＮＡに突然変異の結び目を入れていたころ、本書で紹介したすべての星のシステムの地球外生命体は、地球人類が速いペースで進化する様子を観察するために、地球を訪れていました。

人類が「三層の存在」として準備が整うと、文明は非常に早く発展し始めました。

ノア（ノー・アー）の時代

Noh-Ah

ノー・アー（Noh-Ah）には、二元性から始まる７つのサイクルがありました。

二元性のサイクルが４回、ユニティのサイクルが３回です。

ノー・アー（以下ノア）に人口が集まる前、地球にはプレアデス人の前哨基地がありました。いくつかの星のシステムからきた存在たちが集まり、社会へと発展しました。シリウスからは三層の存在、ベガからは思考ベース形体の存在、ヒアデスからは二層の存在、カシオペアからは思考ベース、二層、三層の存在と、地球外の存在によって導かれていました。

アカシャは、ノアがプレアデス人の前哨文明として、地球で始まったことを示しています。彼らは初期の人類と融合し、ハイブリッド種をつくりました。

最初のハイブリッド人間は異常な長寿でした。しかし、すぐに生存が可能な子孫を残せないことが判明しました。一連の気候変動と地球変動の大災害で、最初のハイブリッド人間のほとんどが死にました。

その激しい時代を生き抜いた少数の人たちは、二層型の人間でした。

ノアの時代のアカシャの情報は、二元性サイクルとユニティサイクルの間に大きな差がないことを示しています。これは、当時地球で協働していた魂が、永遠不変の魂ではなく、マルデックや火星などの惑星生まれの魂であった可能性が高いことを意味しています。地球のスピリットと一緒に転生しても、個人として行動することが多かったのでしょう。人と人とがつながって協力し合う集団を形成するよりもです。

地球のスピリットと協力するときは、自分たちと同じように魂のレベルまでアセンションしてくれるスピリットを選んでいたのだと思います。

しかし、当時の地球人にはアセンションが起こりませんでした。

アカシックレコードによると、その時期、地球は多くの物理的変化を経験しました。そのため、プレアデス人の居住地域は狭くなり続け、この社会実験は地上の雪や氷のない多くの温帯の谷での、地域的な集まりにとどまりました。

その谷のひとつが、現在の日本海にあり、当時は「レム・ウーラ」（レムリア）と呼ばれていました。ほかの居住可能な谷は、現在の地中海で、のちにアトレイシア（アトランティス）文明の中心地になりました。

また、今の南極横断山脈の中央部にある盆地には、「ポ・セーダ」と呼ばれる地域もあります。これらの地域はみな、異なる人々の集団がお互いに結びつくことができるような陸地構成からはかけ離れていました。

地球が熱を持ち始めると、陸地にあった氷が溶けて、これらの陸橋が浸水して島が生まれ、最終的に人類の集団は互いに孤立することになったのです。

レムリア時代に新しい月が設置された結果……
Consequences of the New Moon's Presence in Lemurian Period

ノア／レム・ウーラ（レムリア）には11のサイクルがあり、最初のサイクルはユニティサイクルでした。合計６つのユニティサイクルと、５つの二元サイクルです。

アルクトゥルスの二層と三層の存在、ドラコナスの思考ベース存在、プレアデスの三層と思考ベース存在たちが、この期間の発展をガイドしました。

二元性のサイクルである第6サイクルの終わり、地球の核にある固い金属のコアは、溶融しているより大きな金属コアの中で再形成されていました。

その結果、地球の軸がぐらつき始めたのです。地球上のすべての生命は苦しみ、前からいたプレアデス人とのハイブリッドと、二層の人間たちの人口はさらに減少し、約3万人となっていました。

地球外生命体は、未知のテクノロジーを使って地球の2つの金属コアを整えました。その技術で地球の生命を救う前に、生き残ったプレアデス人はガイア、そしてアンドロメダ銀河から来た「サナンダ」という魂の名を持つ地球外存在と協力し、「銀河間転移技術」を使って隣接する次元を創ったのです。

プレアデス人は、思考ベースのテクノロジーを使い、すべての生命体のハーモニクスを変えて隣接する次元に移行させました。さらに、ぐらつきを安定させ、大気を落ち着かせるために、現在の月を木星の周回軌道から持ってきて、地球の現在の軌道に配置したのです。

すべての生命が、もとの地球次元に戻れるぎりぎりの安全性が確保されると、彼らは隣接する次元が出合う境界領域の連続性を一時的に逆転させせました。人類をもとの次元に戻さなければならなかったのです。

３次元や４次元の生命体が一定時間以上、隣接領域に留まると、何百年もの進化で培った生命維持の戦略や、本能の知性を失い始めてしまうからです。

地球外存在は、新しい月が設置されると、自分たちが意図しない結果を引き起こすであろうことはわかっていました。やはり新しい月は、地殻プレートの動きを誇張し、大気の乱れや生命を脅かす大地震を次々と起こしたのです。

27万５０００年前、非常に強大な地殻変動により、**レム・ウーラ渓谷（日本海）**を海から守っていた山脈の一部が崩れ落ちました。そのため、渓谷の住民は楽園のような谷を離れ、別の土地に移住することを余儀なくされました。

現在の本州の高い山々は、移住のリーダーたちの神聖な集いの場になりました。

彼らは、谷間の故郷を思い出すために巨大な寺院を建てました。７番目のサイクルと最後の11番目のユニティサイクルの間に、レムリア文明の神秘的な伝統が、山頂の神聖な寺院で始まりました。これがポ・セーダに至るレムリア文明の始まりと前半部分です。

残念ながら、アカシャには、この時代に関する記録はほとんどありません。主な理由は、当時の地上の人間の数があまりにも少なかったからです。

現在のアセンデッドマスターのうち3人が、最後のユニティサイクル時代のリーダーだったので、私たちは彼らの記録をとおしてアカシックレコードの情報にアクセスすることができるのです。

レムリア人種——ガイアのヴィジョン「バランスと調和」の表現として誕生した

The Lemurian Race was Seated as an Expression of Gaia's Vision of Balance and Harmony

サナンダは、ガイアの展開するヴィジョンを支援するために、ガイアによって召喚されました。サナンダとガイアのつながりは、ガイアがアンドロメダ銀河の生命システムを指揮していたときからのものです。

地球上の人類の未来をすぐに理解したサナンダのヴィジョンは、ガイアのマインドに完全に同調する三層型人間の新しい種をつくることでした。これは、自然と完全に調和した新しいタイプの人間を意味します。

思考ベースの存在であるサナンダの指導のもとに、プレアデスの三層型人間タイプの存在が、マルデックの二層型システムに自分のＤＮＡを加えたことがアカシャに記録されています。数世代を経て、**アジア人のルーツになる新種が生まれました。**

そのころ、地球にいた思考ベースのプレアデス人が、この新しい人間のバリエーションをさらにガイドし、発展させました。

その結果、プレアデス星系から高度に進化した永遠の魂が地球に移住し、新種に調和した人間のスピリットと協働するようになりました。

高度に進化した永遠の魂は、新しい物理的なハーモニクスと容易に融合し、故郷の世界と一致する身体的な特性を生み出しました。

しかし、彼らが人間の形体と楽にコラボするためには、新しいルート種の出現を見越して人間形体にレベルアップしていた地球のスピリットが、ブレンドされたＤＮＡに調和する必要がありました。こうして二層型人間から三層の協働する存在へと、属性の変異が始まりました。

レムリア人種は、ガイアのヴィジョンである「バランスと調和」の表現として、地球上に誕生したのです。

12種類の人間型生物が減り続けるなか、永遠の魂と協調できる2つの系統が優勢となり、その数を増やし始めました。地球外存在のバイオエンジニアは、すべての人間のＤＮＡに突然変異の結び目を配置する作業を開始しました。

ネアンデルタール人は神経系が発達していないため、永遠の魂と完全に協働することができませんでした。

永遠の魂がネアンデルタール人の胸腺から肉体に入るプロセスを開始すると、下降していく14万4000個の魂の非物質細胞が、迷走神経の流れを乱したのです。

それが心臓に影響して、心拍数と血圧が急激にさがり、意識喪失を頻繁に引き起こしました。また、免疫系の問題も大きな原因でした。

ガイアのヴィジョンのこの時点では、人には3種類のバリエーションしか存在しませんでした。極地に住む白人種、赤道の黒人種、そしてユーラシア大陸の白人と黒人の混合種です。

新しく生まれたアジア系人種は、4つ目の三層型の人類で、その後、白人系、黒人系と混血して、諸島系とアメリカ系が誕生しました。

サナンダが導いたレム・ウーラ（レムリア）／ポ・セーダ

Sananda led Rem-URA and Po-Seda

レム・ウーラ（レムリア）／ポ・セーダの時代には、二元性から始まる5つのサイクルがありました。オリオンから来た思考ベース型・三層型存在、アルクトゥルスから来た二層型存在、ベガから来た三層・思考ベース型たち地球外存在に導かれた、二元性サイクルが3回、ユニティサイクルが2回ありました。

最後のサイクルは二元性のサイクルであり、アトレイシア（アトランティス）の最初のユニティサイクルにつながりました。

新天地に定住すると、レムリア人の人口は急増しました。サナンダはアジアのルーツ種のリーダーとして残りました。

彼はその使命の一環として、ガイアの具現化していくマインドを目撃するために地球に移住してきた永遠の魂のソウルグループのメンバーを、最も高次の意識状態を目覚めさせる者として、ガイアに選ばれたのです。

サナンダは、永遠の魂が、キリスト意識のレベルに目覚めるのを助けました。

ノア／レム・ウーラ（レムリア）時代、サナンダは、地球のすべての生命に危害が届かないようにするために、隣接した境界次元の創造に重要な役割を果たしました。

彼はまた、ノア／レム・ウーラの人間のグループを率いて、技術や儀式用遺物を回収するために、水没した聖なる谷に繰り返し戻りました。その水中の領域を包む大気シールドをつくる技術は、プレアデスの星系からもたらされたものです。

地球外生命体としてサナンダの導きは、何人かのハイブリッドの人間を、アバターレベルに引き上げるのに必要なエネルギーでした。

彼は、人間を自分自身から救うために介入する「完全に解放された存在たちの集団」が、人類に何度も必要なことを見抜いていたのです。

サナンダはまたアバターたちに、生命が避難するための隣接境界次元を創造するのに必要な、思考増幅の技術を伝えました。

隣接次元の調和エネルギーのドームは、地球の何百万もの生命体の命を救っただけではありません。次元を超えたエネルギーに守られながら、各生命体自身も完全にバランスがとれて、まったく新しく生まれ変わったのです。

この状態ではさまざまな生命体は競争することなく、獲物と捕食者という関係性はありませんでした。

「ポ・セーダ／ムー」と、サナンダの4万2000年にわたる治世の理由

The Lemurian Race was Seated as an Expression of Gaia's Vision of Balance and Harmony

サナンダの生命への規律あるアプローチに魅了されなかったサブグループは、後に彼らが「ポ・セーダ／ムー」と名付ける場所を開拓するための冒険に出かけました。

彼らの聖なる中心は、南極横断山脈のふもとの谷にありました。

このサブグループは、後に太平洋の多くの島々や北・中央・南アメリカの沿岸地域に広がるポリネシア文化の始祖とも言えるでしょう。

アカシックレコードでは、ポ・セーダの名がムーよりも優位なのは、ポ・セーダの人口のほうが多く、また現在のオーストラリアからインドに至る広大な地域に集中していたためです。

ムーの人口は、太平洋諸島と現在のカリフォルニアの海岸に集中していました。ポ・セーダ／ムーは、地球の絶え間ない温度上昇によって引き起こされた一連の大変動と水位上昇によって滅亡しました。この間、大きなポールシフトもありました。ムーに関する情報のほとんどは、アカシック内のレムリアのデータに含まれ、この２つのグループはほとんど区別されていません（補足：アカシャのシンボルは、サナンダが約４万２０００年生き、その名前がレムリア時代の終わりまで続いていたことを示しています）。

オリジナルの「初代サナンダ」は、自分の民を率いてユニティベースの文明の中心をいくつかつくり、その後、アンドロメダ銀河の別のタイムロード（時の主）に、リーダーシップを譲って、肉体を手放しました。

次の人物もサナンダという名を名乗り、その伝統を後継者へと引き継ぎました。これが、サナンダの４万２０００年にわたる治世の理由です。

オリジナルのサナンダと協働した地球のスピリットは、イサと呼ばれました。

その協働は約一万年間続きました。

サナンダはガイドしている間、永遠の魂をキリスト意識のレベルまで覚醒させました。

これは、永遠の魂がアセンションによって地球生まれの魂を創造するための準備でした。

サナンダとイサの最後のタイムラインで、イサは魂のレベルへアセンションをするべくサナンダからの指示を受けました。

イサは、サナンダとコラボしていた肉体をアセンションしたあと、次に転生するために、同等のハーモニクスを持つ子宮を待っていました。

その子宮は、すでにアセンションし、その後女性として転生した人間のスピリットのものでなければなりません。

イサを宿した「セフォリスのマリア」は、そのような存在でした。

彼は、マリアが女性として成熟したときに現れ、彼女の体が妊娠するために必要な絆をつくりました。そして、生まれたその子は、世界の教師イェシュア・ベン・ヨセフ（イエス）となったのです。

３２５年のニカイア公会議において、イエス・キリストの神性と永遠性が圧倒的に肯定され、父と子が「一つの実体」と定義されたことで、イェシュア・ベン・ヨセフのアカシャの「人生の書」を開くことが難しくなりました。混乱した崇拝者の幾層にも積み重なったエネルギーが、入り込めない壁をつくってしまったのです。

同じ会議で三位一体、つまり父、子、聖霊が同等で永遠の一つの存在であることも確認されました。はるか昔の宗教指導者たちは、現在のキリスト教を飲み込んだ混乱と偽善の波に対する責任があります。

宗教の物語に合うように、イエスの真の本質に改変が加え続けられているために、アカシックリーダーは誰でも自分がアカシックに貢献したと思っている自らの情報の迷路に迷い込むことになります。

サナンダの「人生の書」にアクセスするときにも、問題があります。

アカシックリーダーが彼の魂の記録の情報を得ようとするとき、「サナンダ」という名前がリーダーの呼称になったことを覚えておくことが不可欠です。

その結果、アンドロメダから移住してきたいくつかの永遠の魂が、サナンダという称号と結びついていきます。

彼らは、それぞれ900年ほどその称号とともに生きました（ドルイド教の「マーリン」、カトリックの「ポープ」も称号で同じことが起きています）。

アトレイシア（アトランティス）の時代

Atlatia

アトレイシア（アトランティス）には、9つのサイクルがありました。

最初の5サイクルは、α《アルファ》ケンタウリから来た三層型で、思考ベースの人間タイプに導かれ、残りの4サイクルは、オリオンから来た思考ベースの次元外の、やはり人間のような存在に導かれていました。

最初の5サイクルで、アトレイシア文明の一大拠点が形成されました。

そこでは思考を増幅して物質を操作する、高度に進んだ技術が使われました。

エジプトのデンデラにあるハトホル神殿の天井と壁に刻まれた象形文字には、中央に一本のフィラメント（細長い糸状のもの）を持つ電球のようなものが描かれています。これは光源ではなく、思考増幅装置です。

大きな人物は、増幅技術を操作している様子を、小さな人物は電球の外面に頭を当てて、装置にエネルギーを供給している様子を表しています。

小さな人間の画は、三層型の人間としての「自分たちが何か」を知っている若く純真無垢な存在であり、社会意識にまだ影響を受けていないことを伝えるための画像です。

アトレイシア人は、思考の増幅を使って、三層型の人間が交互に変わるサイクルの影響から守る技術もつくり出しました。新しい１万３０００年のサイクルが始まると、両方のサイクルの影響を受けることなく、個人は地下神殿に入り、特定のハーモニクスを浴びるように設計されていました。そこで21日間、地上での通常の活動を絶つのです。

ハトホル神殿

ノア／レム・ウーラ文明とレム・ウーラ／ポ・セーダの間に開発された思考増幅装置が、この地下神殿に音響エネルギーを与え、個人の三層のマインドが一つの表現として完全にバランスするようにしたのです。

最終的に、すべてのアトレイシアの人々はユニバーサルマインドとのつながりを持つことができるようになりました。

思考増幅技術の多くは、アトレイシアの最終サイクルにまで残りました。来るべき二元性のサイクルに備えて、約2万1000年前にギザの台地に建造物を建設しました。建造物は当初、音響エネルギーの発生装置でした。そのエネルギーを地上のほかの人口密集地と共有していたのです。

二元性に移行したとき、これらの建造物は廃棄され、エネルギーを生成する部屋だった場所は貯蔵場所に変えられました。**ノアからアトレイシアまでのアカシックレコードのすべては、クフ王のピラミッド内の王の間の上部に位置する部屋に保管されています。**

記録はクロム合金のタブレットとクリスタルのディスクに記録され、現在のコンピュータ技術で読み取ることができます。

ギザのピラミッドの音響エネルギー発生装置など、多くの場違いな人工物は、アトレイシア時代の第４サイクルで組み立てられたものです。

南米ボリビアにあるプマプンク遺跡の中心部にある儀式広場、ペルーのサクサイワマンとオリャンタイタンボの祭祀場は、思考増幅技術によってつくられました。

これらの例では、特定のリズムを持ったハーモニクスを使って、石材をゼラチン状の物質に変化させたのです。質が変化した石は、重力を無視できるようになりました。所定の位置に石材を配置したあとは、ハーモニクスを特定の地球の周波数にシフトし、元の状態に戻しました。

その結果、石はすでにある石と混じり合うことなく、隣の石の形状にピッタリ合った状態で固まりました（補足：フロリダ州ホームステッドにあるコーラルキャッスルは、ラトビア系アメリカ人エドワード・リーズカルニン氏が一人で作った石灰岩の建造物です。１９２３年から１９５１年まで、リーズカルニン氏は婚約者のために１１００トン以上の珊瑚岩を削り、移動して庭をつくりました。彼は身長１５２・４cm、体重は45・5キロでした）。

アカシックレコードの1000年幅のエネルギー
1000-year-wide energy of the Akashic Records

アカシャは、アトレイシア（アトランティス）文明の最後のサイクルの正確な時代を２万６０００〜１万３０００年前と記録しています。

最後のユニティサイクルの情報は、集合意識のシフトに関する初めてのリアルなアカシックレコードの記録です。

１万３０００年ごとに交互に起こるフォトン（光子）とフォノン（音子）の波が、人間意識にどのように影響するのかが正確に説明されています。

二元の第８サイクルから、ユニティの第９サイクルへのシフトを経験するために地球

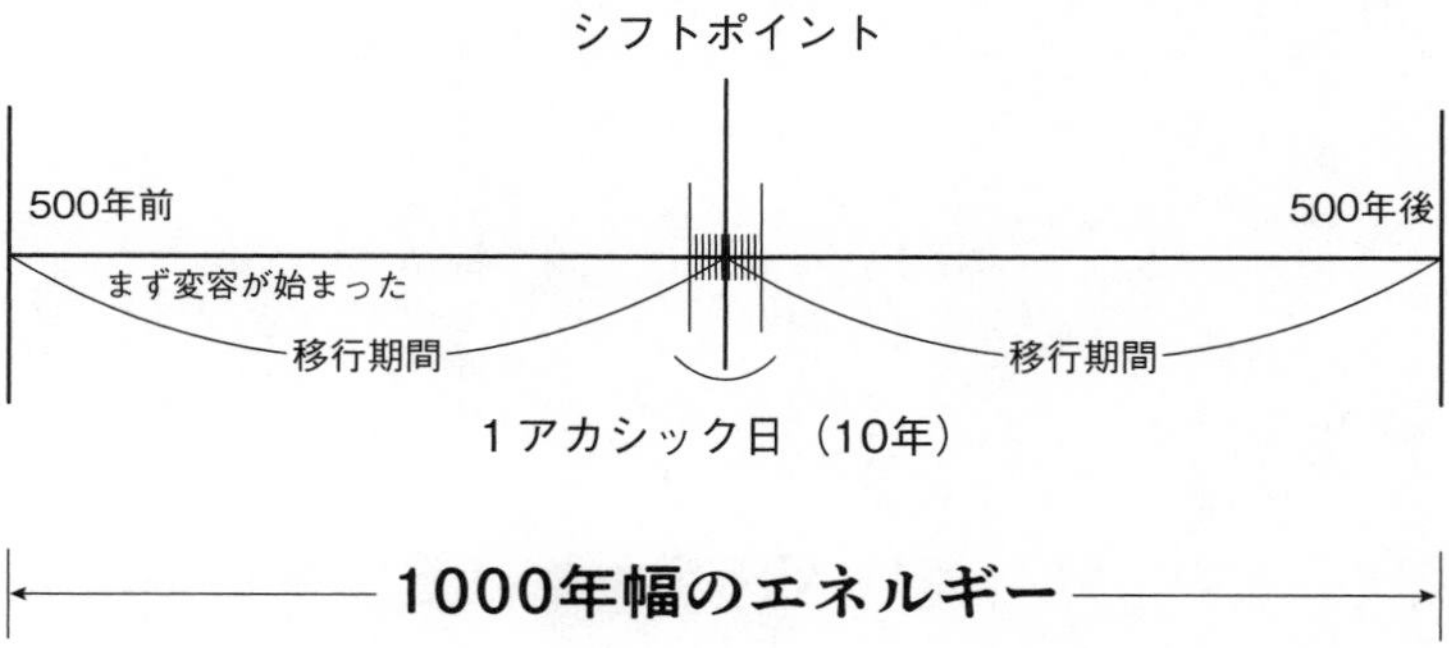
シフトポイント
500年前
500年後
まず変容が始まった
移行期間
移行期間
1アカシック日（10年）
1000年幅のエネルギー

に到着した新しい永遠の魂は、人間の形体に宿って体験することを望みました。彼らは「偉大なるハンター、オリオン」から来たのです。ベテルギウス、ミンタカ、リゲル、サイフというオリオン座の４つの星は、その重力の影響内に地球型の惑星、または月型の惑星があります。

ユニティサイクルを引き起こす波が到達し始めた最初の５００年間、可能な限り多くの人間にすばやく影響を与えるために、彼らは波の最先端に到着し始めました。

サナンダの信奉者が去ったあと、ユニティのヴィジョンを受け継いだのです。

新しく到着した永遠の魂たちは、直ちに新しい物理的環境をマスターし始めました。オリオンの次元や隣接次元の永遠の魂と協力可能な身体タイプは、地球の肉体とは非常に異なる機能を持っています。

前述のように、各シフトサイクルには、前サイクルから５００年、始まるサイクルから５００年の１０００年の移行期間があります。

この１０００年の移行期の中心にあるのが１アカシック日（10年）で、**シフト・ポイ**

ントと呼ばれています。シフトポイントまでの５００年間と、シフト後の５００年間は、生命のあらゆる面で飛躍的な進歩がありました。

最初の５００年は集合意識の葛藤の浄化で満たされていましたが、創造神や地上の神や女神といったカルト的な宗教の対立がなかったため、意識は大きく拡大したのです。内なる葛藤は、レムリアからの神秘的な伝統と、地球外生命体やオリオンからの転生した魂によって速やかに解決されました。彼らがもたらした、地球を超えた理解が功を奏したのです。

アトレイシア（アトランティス）人は、未来の人類が来るべきシフトの概要を知る必要があることを知っていました。そこで、地球上で最も安定した土地にピラミッドを建設したのです。

ギザのピラミッド群を組み立てるときに、数学に基づいたデータを一種の宇宙暦として盛り込み、大ピラミッドの各層が特定の期間を示すようにしました。その方程式が解読されれば、次のシフトのタイミングを特定することができます。

繰り返される自然災害と巨大地震

Repeated Natural Disasters and Mega Earthquakes

しかし残念なことに、約1万4000年から1万3200年前のアトレイシアのユニティサイクルの終わり、一連の自然災害が再び世界の人類の大半を混乱に陥れました。さらに小惑星の破片が大気圏で爆発、その一部が地表に数カ所衝突して、地球規模の火災を引き起こしました。火災により大量の水蒸気が上空に放出された結果、核の冬を引き起こしました。その状態が何年も続いたのです。

やがて上空が晴れ始めると、水分の多い温帯地域は干ばつに見舞われ、普段水分の少ない地域は大嵐に襲われました。衝突後に形成された氷床は溶け始め、さらに洪水を引き起こして、最終的には、居住できる土地がより多く露出することになりました。

衝突直後、世界のほとんどのセンターが破壊された中、アトレイシア（アトランティス）の人々は、現在、地中海と呼ばれる火山によって温められた谷へ避難しました。
この地がアトレイシア人の文明の中心地となり、彼らは「オスシーラ」（Os Sira-of Fire 火のもの）と呼びました。


生命がバランスを取り戻そうとしたとき、一連の地殻変動が再び地球を揺るがしたのです。現在の大西洋をせき止めていた山脈が崩れて、オスシーラに洪水が押し寄せました。やがてその中心部は、すべて水に覆われました。

頻繁に繰り返される巨大地震は、地球上の陸地を水没させたり持ち上げたりして、最終的に海流に変化を引き起こしました。その結果、現在の北アフリカには雨が降らなくなりました。

生き残ったアトレイシア人は、高台に移動しました。現在の南米や南極にあるプレアデスやオリオンの存在たちの居住区も破壊されました。

ただ彼ら地球外存在は、「ノア／レム・ウーラ（レムリア）」のサイクルで行ったように、再び隣接する領域へ足を踏み入れ命を守ったのです。

オーム・ディア

Aum- Dyauh

私たちが生きている現在の時代は、オーム・ディアと呼ばれています。オーム・ディアには2つのサイクルしかありません。二元性が一つと、ユニティサイクルが一つです。アカシックリーダーの中には、この現在のユニティサイクルのアカシックシンボルを、アムランシア、またはユーランシアと読む人もいます。

私たちがこのサイクルに入ったのは、前回のアトレイシア（アトランティス）のユニティサイクルのあと、1万3000年前に始まった二元のサイクルに移行したときです。過去8000年間は、大気や地殻の変動に関しては比較的穏やかでした。現在のジブラルタルで大西洋をせき止めていた山脈が崩壊したことを除けばですが。

アトレイシア（アトランティス）で生き残った人々は、まずミノアとシュメールという中東の初期文化を生み出しました。

１万３０００年前から８０００年前の間は、オリオンから来た思考ベース型、ハイブリッド型、次元外の人間タイプの存在たち、そしておおいぬ座とこと座の星々から転生してきた永遠の魂に導かれていました。こと座は主にベガからです。

また、シリウスＡやプレアデス星団の星、主にケラエノ、メローペ、プレイオネの惑星からも、定期的に思考ベース型生命体が訪れていました。

彼らは二元性サイクルの中間点である７５００年前頃から、地球に貢献し始めました。

その時期に、空には隣接する次元を横切って太陽系にやってきた、恒星間移動船が散らばっていました。

小型の船は主要なソウルグループより先に到着し、次元外波動のエネルギーポータルをつくって、大型船がガイアの現実に楽にアクセスできるようにしました。

オリオンとプレアデスから来た思考ベースの存在たちは、世界のほとんどの人口集合地域で指導的な役割を果たすために、人間のアイデンティティをとり始めました。

彼らは「大いなるものすべて——ALL THAT IS」の広大な計画の中の人類の位置を、すでにある伝統をふまえて、より深く理解できるようにしたのです。

彼らの使命は、人類が何十万年も前にさかのぼる過去の二元性のサイクルから、長年抱えてきた内なる葛藤や未解決の課題の解放を助けることでした。


オリオンから来たハイブリッドな存在たちは、自分を人間だと偽ることはありませんでした。基本的に、自らを「遠い星から来た神々」として表現したのです。

ただ、彼らの示す高度なテクノロジーは、人類を奴隷化してしまい、それによってさらに内なる葛藤を引き起こしました。

また、東洋では、文明の再建をサポートするために人間の姿で現れた存在もいました。

チベットと中国にある次元間ポータルは、隣接する次元の存在たちが、人類が進歩するプロセスをガイドし観察する機会を提供しました。

プレアデス星団から来た思想ベースの存在たちは、物質の一貫性を変化させる音響発生器と音波加速器の使い方を人類に指導しました。

思考増幅装置は、地下人口センターで使用するためにチベット人に与えられました。

人類が今、外の現実に投影している集合意識の内的葛藤は、以前の２つの地球文明、レム・ウーラ（レムリア）／ポ・セーダと、アトレイシア（アトランティス）の二元のサイクルに由来しています。

直近の二元性サイクルは、２００１年から２０１１年の10年のシフトポイントまで続きました。現在、私たちは、過去の二元のサイクルの葛藤も含めた、極端に蓄積された非常に稀な二元サイクルの影響を受けてきたのです。

永遠不変の魂、つまり、それまでの４つの文明に人間のスピリットとともに転生してきた者たちは、始まったばかりの新しいユニティサイクルの中間点で、この地球というシステムを去ることになります。

前述のように、現在の１０００年の移行の波は、西洋の学者が「近世」と呼んでいる西暦１５００年に始まりました。この時期の絵画には、アルクトゥルスとシリウスからの移住宇宙船が描かれています。

この宇宙船からのテレパシー効果は、多くのクリエイティブな人々にインスピレーションを与え、人々がよりよい明日へのヴィジョンを、自由に表現できる世界を想像できるようになりました。

科学者たちは、自然の中の人間の状態や位置づけを探求し始めました。その結果、多くの西洋文化でルネッサンスが起こり、人間の高次の意識が目覚め始めたのです。

何百万年にもわたって起きてきたように、二元からユニティへの移行を直接目撃するために、ほかのシステムや現実から存在たちが地球に来始めました。

思考ベースの肉体でやってきた存在たちは、人類に溶け込むのが簡単なことに気づきました。彼らは、観察したい遺伝子グループに適した外見を身にまとうだけでいいのです。異次元的な形態の地球外から来て隣接する領域にいる存在たちは、人類にガイダンスを与え始めました。人類がユニティ意識に移行するとき、そのプロセスを個人が完全に目覚めたままで体験できるように支援するためです。

第4章

2027年と2032年に何が起きるのか？

What will Happen in 2027 and 2032?

２０２７年と２０３２年に何が起きるのか？

What will Happen in 2027 and 2032?

人類は直近の二元サイクルの間、二極対立の深淵を探検してきましたが、２００５年にその全体的な影響はほぼ終了しました。

ただ１５００年以来起きた何百もの破壊的な戦争は、集合意識の内なる葛藤をすべて浄化したわけではありません。極端な領土の主張、政治的主義、宗教的な教義に油を注がれたとき、私たちの自己破壊的な性質は、最も強烈な二元性を体験することが証明されています。

これからの10年間で、私たちは個人的にも集合的にも、内なる葛藤を煽るすべてのジャッジを解放し、この次元の領域の、純粋な観察者としての現実に、目覚めることになるでしょう。

この二元性の突然の解放は、２つの大きな出来事のあとに本格的に始まります。

２つの大きな出来事については、これから詳しく述べていきますが、**一つ目の出来事は２０２７年、二つ目は２０３２年、もしくは２０３７年に起こります。**


繰り返しになりますが、アカシャの時間は一連のシンボルとして表され、私たちの年代測定システムには対応していません。アカシャの時間シンボルは、一連の数字の羅列に近いと言えるでしょう。

最初の出来事のタイミングは、２０２７年３月26日・27日と解釈できますが、２０２７年11月22日・23日と解釈することもできます。

最初のイベントの時期を見たとき、アカシャのシンボルは、26・27・３、27／20という数字のセットでした。時を示す場合、よりマイナーな要素、つまり「日にち」が常に最初に示されます。年を表す数字が27、年代は20と表現されています。


つまり、イベントが起きるのは２０２７年の３月26日・27日か、27年の３２６日目としたら、２０２７年11月22日・23日と解釈できます。

私のアカシックの解釈をチェックしてくれるアカシックリーダーの一人は、このイベントは２３２６年と２３２７年に起きる可能性もあると考えています。

ただ、**地球外存在が「自身を明らかにすることに関連する、いくつかの出来事」があります。それは２０２７年に起こるでしょう。**

その日、何が起きるのか？

What will happen on those days?

オリオンとプレアデスからの思考ベース型と異次元の存在たちは、長年にわたって人間の外観を模倣した状態から抜け出し、その真の物理的な本性を示します。

彼らは、２０２７年にこれを行います。

彼らは、ユニティサイクルに移行するとき、二元性の影響下にある人類の性質をよく知っています。特に今回のように極端な二元サイクルの影響を受けた場合についてです。

ゆえに、**その発表は２日間にわたって、全世界に同時に行われる予定です。**

同時であれば、どの文化圏も、自分たちが選ばれし者、異世界の訪問者を受け入れるために選ばれた存在だと言えなくなるからです。

オリオンとプレアデス存在は、数十万年前にさかのぼるいくつかの地球規模の実験を通して私たちを援助してきたこと、そして彼らが操作した遺伝子変異により、人間がスピリットをアセンションさせることができる「三層の存在」になれたことを、直ちに人類に知らせます。

彼らの思考ベースの肉体のデモンストレーションは、ほとんどの人々の意識を、すべてがつながりあう普遍的な深い感覚へと変容させることでしょう。

しかし残念なことに、彼らのデモンストレーションは、人類の分裂も引き起こします。一部の過激な宗教団体は、この地球外のメンターの存在は、聖書に書かれている堕天使であり、全人類を奴隷にしようとする悪魔の力を証明していると主張して、彼らを破壊しようとするでしょう。

地球外生命体は、地球での存在を抹殺しようとする過激派によるいかなる試みも無力化します。現在の二元のサイクルが表面化させた人類の自己破壊的な性質によって、ほとんどの過激派の人々、個人またはカルト的なグループは、自らの意思で去っていくことになるでしょう。


思考ベースの存在たちは、人間のＤＮＡの二重らせんに彼らが加えた結び目が誘発する、突然変異について説明するでしょう。

結び目は、内分泌系の機能と分泌腺と対応する微細体《サトル》ボディのチャクラに変化を起こす、特定の精妙なエネルギーを解放します。

パワフルで繊細なエネルギーの放出は、主要な経絡《ナディ》であるイダ、ピンガーラ、スシュムナの脊髄の周囲の気の流れを変化させます。

イダとピンガーラの経路は、人間のＤＮＡの二重らせんによく似た形態で、スシュムナの周りをらせん状にめぐっています。

イダとピンガーラの２つの経絡は、チャクラと呼ばれる微細体《サトル》の「７つの主要なエネルギーセンター」が生成されるポイントで、スシュムナを横切ります。チャクラはそれぞれ、人間の内分泌系に直接対応しています。

二元からユニティへ移行するポイントで、微細なエネルギーセンターの機能が変化しました。このユニティサイクルのシフトポイントより以前は、第４のハートチャクラが、両足の土踏まずにあるルートチャクラを通って上昇する、微細な生命エネルギーのバランスをとっていました。

足の裏から入ったエネルギーは、第１チャクラであるベースチャクラに流れ込み、クンダリーニエネルギーを刺激して脾臓、太陽神経叢《たいようしんけいそう》、心臓《ハート》、喉、第三の目、第７のクラウンチャクラを通って上に昇るようになっていました。

シフトポイント以前は、ハートセンターの共感する側面が、下部の３つのチャクラ（第１・２・３チャクラ）、それぞれ創造、抑制、征服を司る低いハーモニクスを和らげていました。ハートチャクラは、礼節を保証する安定したポイントでした。

人間のチャクラ

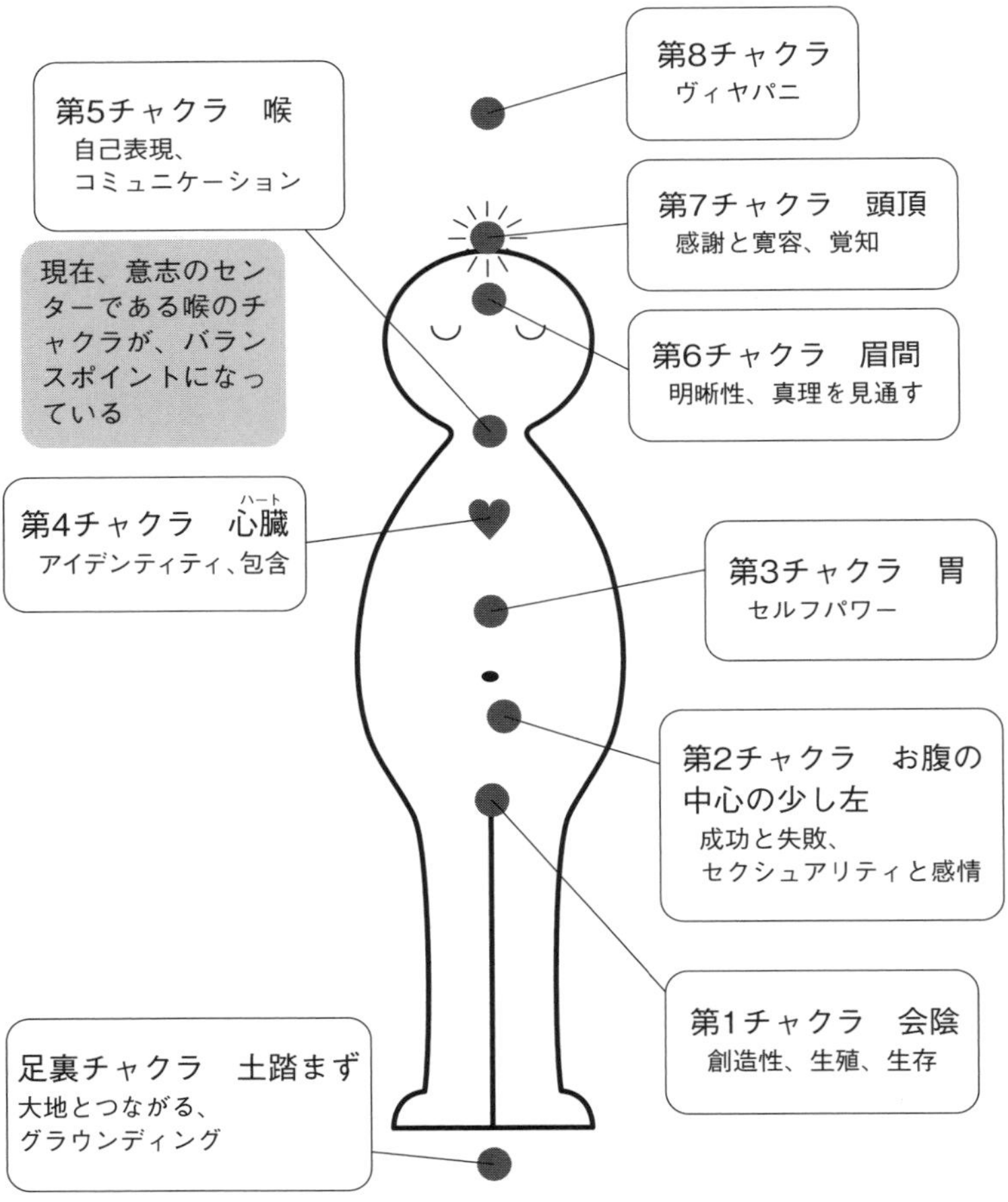
第8チャクラ
ヴィヤパニ
第5チャクラ　喉
自己表現、
コミュニケーション
第7チャクラ　頭頂
感謝と寛容、覚知
現在、意志のセンターである喉のチャクラが、バランスポイントになっている
第6チャクラ　眉間
明晰性、真理を見通す
第4チャクラ　心臓《ハート》
アイデンティティ、包含
第3チャクラ　胃
セルフパワー
第2チャクラ　お腹の中心の少し左
成功と失敗、
セクシュアリティと感情
第1チャクラ　会陰
創造性、生殖、生存
足裏チャクラ　土踏まず
大地とつながる、
グラウンディング

現在、**意志のセンターである第5の喉のチャクラが、バランスポイントになっています。**

人が「三層の存在」としての自分が何であるかを知っているとき、口にするすべての言葉は、ガイアのマインドの精妙なエネルギーに対する指令となります。**ガイアは、指令を発した人の「目的あるニーズ」を具現化するのです。**

残念ながら、多くの人にとって、内なる葛藤を深く抱えていると、彼らの声による指令は、意図よりも葛藤として現れるように見えます。

パワフルで繊細なエネルギーの放射は、個人が特定の連続した統合のハーモニクスに到達したときに起こります。

これは、人がまず「自分が正しくなければならないという必要性《ニーズ》」を捨てると自動的に達成されます。習得した偏見と生存戦略による自然なネガティビティバイアスもすぐに解放されていきます。これはまた、過去に対する「あのとき、こうだったら」という苦悩や、未来の「もし、ああなったら」の願いも取り除かれます。

これらの変化にともなって、内なる葛藤を強化するジャッジメントと、五感を支配する繰り返される期待は、脊柱の周りの気の流れに重要な変化を生み出します。

主要な経路の一つであるスシュムナを縦横に横切る代わりに、イダとピンガーラの経路《ナディ》は、第1のベースチャクラから第7のクラウンチャクラを経て、ヴィヤピニと呼ばれる第8チャクラまで、バランスのとれたエネルギーの渦をらせん状に発生させるのです。そして、持続するハーモニクスが、最初の突然変異の結び目をほどくきっかけをつくります。

人類の最初の突然変異――ノンジェンダー

The First Mutation for Humanity - A Non-gender State

地球の生殖システムは不十分で、子孫を残すためには同じ種のメスとオスが必要です。これは、ほとんどすべての動物と多くの植物種に当てはまります。メスとオスの遺伝子が組み合わされない生殖は極めて稀ですが、すでに存在しています。

一般に、私たちの細胞には、コピーされた２つの機能する遺伝子セットがあり、一つは母親から受け継がれ、もう一つは父親から受け継がれています。

単為生殖は、受精せずに雌の配偶子（性細胞）を発達させる生殖戦略です。

現在、ヒトの単為生殖では、生存可能な胚が得られることはほとんどありません。これは、受精していない卵子が、精子からの遺伝子発現に関する具体的な指示を受け取っていないからです。

ヒトの卵子の自然発生的な単為生殖は存在しますが、このプロセスは最終的に卵巣に発生する良性腫瘍である卵巣奇形腫をもたらします。

単為生殖を行う動物の多くは、ミツバチ、スズメバチ、アリ、アブラムシなどの小型の無脊椎動物で、有性生殖と無性生殖を交互に行うことができます。

また、80種以上の脊椎動物で、単為生殖が行われていることが観察されています。

その約半分は、魚または爬虫類《はちゅう》です。

一部の種は、繁殖に備えて性別を変更することも可能で、いくつかの種は逐次雌雄同体を示します。サンゴ礁の魚類の多くの種などでは、性転換は解剖学的に正常な過程です。カクレクマノミ、ベラ、ウツボ、ハゼ、その他の魚種は、生殖機能を含む性転換することが知られています。

また、相互進化や再進化によって、種が絶滅から再び現れることもあります。この稀な現象は、過去に絶滅したにもかかわらず、種が何度でも再出現する可能性があることを意味します。

人類が性別のない体に変異するのは、恒星間航行の準備のためであり、人類は自由に生殖することができるようになります。この突然変異はすでに始まっており、地球外存在の指導者たちに、影から出るときが来たことを知らせています。

まずジェンダーの伝統的概念から離れる動きとして、そして**ジェンダーのない人間の物理的な姿を示すものとして、人類の集合意識に影響を与えているのです。**

地球上にはすでにそのような存在がたくさんいます。

過去20年間に生まれた人間の多くは、生物学的な自分の性別と自身が一致しているとは思っていません。これは人間のハーモニクスの変化により、突然変異が目覚めたことに対応しているからです。

これらの人々は、シスジェンダー、アジェンダー、アンドロジナス、バイジェンダー、ノンバイナリージェンダー、ジェンダーエクスプレッション、そしてジェンダーフルードとして認識されています（訳注：体の性別と自分の意識が一致している・いない、両性具有、あるいは、どちらにもあてはまらないなどの人々の呼称）。

地球外のメンターが、自分たちの存在を公表するきっかけとなったのが、このような人たちです。

残念なことに、彼らを攻撃するグループもあります。

この突然変異が新生児の半数に発現すると、過去20年以内に生まれたすべての人間が自然に変化していきます。

ノンジェンダーとして生まれた人たちは、おそらく今後25年の間に、自分の意思で自由に生殖し始めることでしょう。

人間の最後の突然変異

The Final Human Mutation

地球の外から来た友人たちの存在が完全に受け入れられると、**彼らは人類に、最後の突然変異をもたらすでしょう。**

集合意識がすべての認知の歪みと感覚を支配する期待を解放した瞬間、私たちはユニバーサルマインドと常につながっている状態を表現します。

私たちの進化のこの時点で、特定のハーモニクスのエネルギーが、ＤＮＡの最後の突然変異の結び目を解放するでしょう。

人類の半数は、集合的に思考ベースの「永遠なる存在」となります。

人類は、ボディ／スピリットのアセンションか、思考ベースの存在への変容かの、２つの選択を迫られることになります。完全にシフトすることを意図していない人であっても、すべての人類がどちらかになるのです。

どちらの状態も同じように見えますが、思考ベースの形体と、人間のスピリットのアセンションとを混同してはいけません。

ボディ／スピリットのアセンションは、地球生まれの魂を創造するための最初のステップです。前のユニティサイクルであるアトレイシア（アトランティス）時代には、多くの人間のボディ／スピリットが、魂のレベルまでアセンションしていました。アセンションしたボディ／スピリットは、まだガイアの支配する次元の法則の影響下にあります。

思考をベースにした存在となる私たちは、物理学の法則に制限されることなく、その表現力を最大限に発揮することができます。

私たちは創造主のイメージにつくられています。

意識、そして次元間、多次元、超次元にわたる感覚意識を持つエネルギーです。

純粋な思考を持つ非物質的存在である私たちは、ハイブリッドの体や微細エネルギー体であったときに使うような、**恒星間を移動する宇宙船なしで、銀河間を移動すること**

ができます。このような思考ベースの存在の大規模な移動は、隣接する領域を介して、意図した瞬間に達成できます。

協働する永遠の魂の旅立ち
The Departure of Collaborating Eternal Souls

今回のユニティサイクルは、2つの基本的な点で、過去のユニティサイクルと異なります。

1）すべての以前のユニティサイクルにおいて、ユニティへの移行は集合的でした。つまり、すべての人間が同時にシフトを経験したのです。現在のユニティサイクルでは、**個人の感覚意識がそれぞれのペースで展開していきます。**

2）このユニティサイクルは過去のサイクルと違って、現在のユニティエネルギーの影響の中間点、グレゴリオ暦6500年と7000年の間に、人間のスピリットと協働して地球に転生してきたすべての永遠の魂は、この太陽系を離れてほかの世界に移住します。

アカシックレコードから解釈される正確なタイミングは、**グレゴリオ暦6732年です。**

このように永遠の魂が旅立つことは、過去のユニティサイクルの間にも、わずかながら起こりました。約2万1000年前のアトレイシア（アトランティス）のユニティサイクルの最盛期などです。

永遠の魂は、旅立ちに近づくにつれ、その多くはコラボしているスピリットをアセンションさせて、地球生まれの魂をつくります。永遠なる魂の、意識、エネルギー、衝動からなる三位一体《トライアード》のイメージに基づいた新しいタイプの魂です。

永遠の魂が旅立ったあとも、地球上の人間は「三層からなる存在」であることに変わりありません。人間のボディ、生命のさまざまな層を経験して進化した人間のスピリット、そして人間のスピリットであったときに過去の時間軸で協働した、すべての永遠の魂のデータを保持する地球生まれの魂を持つでしょう。

地球に転生したことがない永遠の魂は、地球の隣接領域に残り、移住した永遠の魂に代わって、新たに進化した地球生まれの魂を導きます。

これは、ガイアがほかの星のシステムから永遠の魂を招き、次元の中に完全に存在しながら、彼女の創造を目撃することを許したときの、「ガイアのヴィジョンの最終局面」でした。

目撃する代わりに、永遠の魂は、人間のスピリットを魂意識までアセンションさせるのです。人間のスピリットは、進んで永遠不変の魂とコラボレーションすることで得た、すべての情報を保持しています。

創造の瞬間に生まれた、「12の永遠の魂」が複合した存在であるガイアは、共同創造者として、ユニバーサルマインドに完全かつ永遠にアクセスすることができるようになります。

その後、ガイアはこの太陽系のほかの岩の世界に生命を生み出し、金星と火星を以前のような状態に戻すことができるでしょう。それはガイアの前の複合存在であった天空の神が、この太陽系で生命をコントロールしていたときのようにです。

太陽系の惑星で生まれた魂は、それぞれの環境の条件に合わせて形体を調整することにより、惑星の表面や隣接する領域に住むことができます。


人類は、以前の二元性サイクルの生殖システムに戻ります。すなわち子孫を残すために女性と男性が必要になるでしょう。これはすべての生命に当てはまります。

次に続く２つの、まだ名前のない文明は、現在の文明を引き継いでいきますが、**テレパシーによるコミュニケーションと、思考の現実化によって、大きな飛躍をとげます。新しい人類の寿命は、内なる葛藤がないために著《いちじる》しく大幅に伸びます。**

地球の進化するスピリットが、別の星系からの永遠不変の魂と協働するときに生まれる、対立の葛藤さえもありません。

彼らの遺伝子の寿命は、約１０００年になるでしょう。

すべての地球変動は、約２万年の間止まります。

ガイアは大地を保護するバブルをつくり、新しい人類が地球を癒やし、すべての生命のバランスをとることを可能にします。

もう次元の現実を直接観察したいと主張する永遠の魂は存在しないので、人間にレベルアップする地球のスピリットの数は、現在に比べて比較的少なくなるでしょう。

その数は、地球生まれの魂の数に直接対応します。ガイアの次元のマインドを体験したい永遠の魂が無数に存在しているときは、人間のスピリットの数も大量に必要になったのです。

地球の人口は、自然とのバランスの中で**5億5000万人程度に保たれるでしょう。**

人類はもはや地球の癌ではなくなります。

ユニバーサルマインド
Universal Mind

すでに述べたように、二元性からユニティへの移行の中間点を越えたので、地上の人間は全員、すべてを知る永遠の魂意識の中、スピリットの感覚意識の拡大を通して、いつでも自分をユニバーサルマインドへ開くことができます。

二元性の思考や感情からのこの変化は、「今の感覚意識」を準備していた人たちが直感していた来るべきシフトです。本物の人生を送り、真実を語り、無私の自己から行動する人は、すぐ、自己覚知へと目覚めることができます。

このプロセスはひとたび始まれば、拡大した意識への12日間の移行を止めることはできません。一日一日、意識が拡大していくにつれ、私たちはより大いなる気づきへと開かれていくのです。期待が自分の感覚をコントロールしなくなり、ジャッジとして現れる内なる葛藤がなくなるので、目の前の現実の境界は大きく広がります。

繰り返しになりますが、生まれながらのネガティビティバイアスと学習したジャッジメントが現実の境界線を形成し、期待が私たちの感覚をコントロールしているのです。

二元性のサイクルの中で覚醒するには、集中したエネルギーをフルに発揮する必要があります。ジャッジと期待は、そのエネルギーを奪います。

ヨガ、太極拳、気功、瞑想、プラーナヤマなどのスピリチュアルなテクニックは、私たちの真の自己の開花を促進します。

最後のステップは、後生大事にしてきた**「正しくなければならない必要性」を放棄することです**。その「必要性」は、1歳から善悪の判断ができる年齢まで、私たちのマインドに叩き込まれます。

「正しい」と感じたり、正当に認められたりすると、脳内にドーパミンが溢れ、すぐに中毒症状をもたらします。ドーパミンは、脳の快楽中枢と報酬中枢に関わる化学物質です。正しいことは、陶酔感につながる大量のドーパミンをつくりだす可能性があります。

「何が正しく何が間違いか」という代々引き継がれたしつけというトレーニングは、7歳頃になると潜在意識に移動します。

完全に取り込まれると、「正しくなければならない必要性」は、一連の可能性の中で、クリアなヴィジョンを現実化するという潜在意識の能力を奪います。これは、私たちが明晰さではなく、快楽という報酬を追い求めるからです。

私たちは、三層の存在として「自分が何であるか」を知る代わりに、「自分が誰」であるかを探し始めます。目的のある必要性を現実化する代わりに、欲望を満たすために他者のご機嫌をとり、操作する人生を始めるのです。

「自分が正しくなければならない」という必要性を手放し、子供時代の期待に基づいたトレーニングを捨てた人は、人生がシンクロニシティに満ちてきます。

自分の思考が、新しい現実のエネルギーの境界を容易に現実化するからです。

人は物質の表面の１メートル手前で、その原子構造のすべてと出合うようになります。二元性サイクルの固い表面の世界は、今や安定した表面を持つエネルギー構造として現れます。

地球のあらゆる生命体はこのように、エネルギーを周りに放射します。特に感覚を持った生命体は、その中心から周囲約３メートルにわたり、エネルギーを放射しています。

私たちの三層の状態はいつ始まったのか？

When did Our Three-fold Status Begin?

二元性からユニティへ、またユニティから二元性への移行は、永遠の魂が肉体を介して人間のスピリットとの協働を始めると同時にスタートしました。

受胎の瞬間、精子が卵子へ入るとき、微細なエネルギーが放出されます。これは高速度カメラと高性能デジタル音響機器で記録されました。最初に放たれたハーモニクスは、まず人間のスピリットを引きつけ、その直後にほぼ同じハーモニクスの永遠の魂を引きつけます。

まさにその瞬間、新しい人類となる三層のマインドが始まったのです。

人間のスピリットは通常、直近に転生した家系に再び転生します。

慣れ親しんだ血統だからこそ、人間のスピリットは過去の転生で得た特定の戦略を継続することができるからです。

人間のスピリットは、その戦略に合致する特定の遺伝子のスイッチを素早くオンにしたりオフにしたりします。

現代の科学では、これをエピジェネティックと呼んでいます。


永遠の魂が新しい人間のマインドに入るのは、妊娠期間の最後の３カ月すぎからです。

永遠の魂には14万４０００個の非物質細胞があり、胸腺を通って体内に降りてきます。

これらのエーテル体の魂細胞は、地球の気のエネルギーを適切に吸収できるように、新しい肉体全体に均等に分布されます。

前述したように、魂細胞がつくるエネルギーの通り道は経絡《ナディ》と呼ばれ、約７万７０００本の主要な流れと30～40万本の二次的な流れがあります。

そのうちの主な３本の経絡《ナディ》、イダ、ピンガーラ、スシュムナは脊柱と関連しています。

イダとピンガーラのエネルギーチャンネルは、スシュムナの経絡《ナディ》を横断しながら、感覚《アウェアネス》（イダ）と意識（ピンガーラ）を融合して、人間の三層のマインドを活性化しています。

魂が人間のスピリットと協働できるようにするための最初の生体工学

The Initial Bioengineering to Allow Souls to Collaborate with Human Spirits

要約すると、私たちの遺伝子構成に対する最初のエンジニアリングは、天の川銀河のオリオン系とプレアデス系の地球外存在によって行われました。

バイオエンジニアたちは、私たちのＤＮＡの中に非物質粒子を保持するヒストン状の構造をつくり、個人や集合意識が特定のハーモニクスに到達すると、遺伝子構造内にプログラムされた突然変異反応を引き起こすようにしたのです。

遺伝子のバイオエンジニアリングによって、人間は三層の存在となりました。

遺伝子が変更を加えられる前は、人間は地球上のほかの知覚を持つすべての生命体と同じように、進化するスピリットに導かれた肉体を持つ存在でした。

先祖の記憶を持つ本能的知性を備えた肉体を、直感と戦略的知性を持った転生する人間のスピリットが導いていたのです。

今度は、肉体と進化するスピリットが、永遠の魂に導かれるようになったのです。

ユニバーサルマインド――つまり創造主のマインドと常につながっている永遠の魂です。


私たちの肉体は潜在意識の焦点であり、スピリットは顕在意識の次元です。

そして、魂は超意識の表現です。

現代科学は、人間の脳だけでなく、腸や心臓にもニューロン構造があることを知らせています。腸や心臓は、それぞれチームとして通信しています。

私たちの潜在意識は、腹の脳にあります。

顕在意識は心臓《ハート》に、そして超意識は松果体に宿っています。

この三層の性質があるからこそ、私たちはこれらのシフトサイクルの影響を受け、私たち以外の二層の存在たちは受けないのです。

シフトするサイクルに反応するのは、私たちの永遠の魂です。

ほとんどの場合、永遠の魂は、創造のこの次元の側面を観察しているだけですが、協働する人間のスピリットに、地球以外の世界のガイダンスを提供することもあります。

これは通常、そのスピリットが差し迫った危険にさらされたときにのみ起こります。


私たちの永遠の魂のエッセンスは、創造主の意識の粒子です。

転生する人間のスピリットは、計り知れないほど昔、目の前の状況や条件をより楽に生き抜くために結合した、2つの細胞から始まりました。

その形体が死ぬと、2つの細胞が最初に結合したときにつくられたエーテルエネルギーは、同じような環境と条件の中で具現化した形体を経験するために、似たような物理的な構造体を求めました。

その細胞は本能的な戦略を発達させながら、ますます複雑な生命体をつくり出すために、ハーモニクスが類似した細胞を探しました。

スピリットは、植物や動物など地球上のあらゆる生命体を経験しながら進化して、最終的に人間の姿になりました。

あなたのスピリットは、そのエーテル体《フォーム》の中に、そのすべての情報を保持しています。

スピリットは、その本質は、ガイアが体現したものです。

あなたの魂は、本質的には創造主の体現であり、創造の始まり、最初の瞬間の知識を持っています。

例外はありますが、あなたの魂は、すべてのタイムラインで別々の人間のスピリットと一緒に転生します。

繰り返しますが、このように二元性からユニティへのシフトを繰り返しても、二層の生命体である地球上の人間以外の生命体には影響を与えません。

日常のスピリットの意識を、自己覚知に拡大することは何を意味するのか？

What does it Mean to Expand Mundane Spirit Awareness into Self-Realization?

このユニティへの移行にともない、誰もが最初の目覚めの体験、つまり個人的な啓示を受けることになります。

そして将来、**２０３２年から２０３７年までの５年間に、全人類がガイアのマインドの「完全な啓示」を経験せざるを得なくなるときが来るでしょう。**

私たちの意識拡大は、まず自己認識からスタートします。そして、自己を実現しながら自己覚知へと進み、主権をもった自主独立した状態を経て、覚醒に至ります。

自分を知るための自己認識を深めていくことで、自己覚知を獲得するのです。

自己覚知とは、すべての内的葛藤が消え、この人生の起き得る平行自己（パラレルセルフ）の情報をすべて統合した状態です。

そして**覚醒は、地球のすべての自分の転生を、統合した状態です。**

自己覚知と覚醒ではエネルギーが完全に違い、覚醒は一度したら、元に戻ることはありません。一方、自己覚知の状態は永続するとは限らず、葛藤のある状態に逆戻りすることも多々あります。

「光の12日間」の最初の段階で、自分の進化するスピリットの感覚意識を拡大する準備をしてきた人たちは、自己認識から自己覚知へのジャンプを素早く体験し始めます。

ガイアの具現化した現実の中で、マインドは開かれ、自己認識、自己覚知から主権を獲得して覚醒に至るプロセスは楽に進んでいくことでしょう。

スピリットを拡大する準備をしていない人にとっては、合意されたマインドの投影を超えた現実を見せられることになります。垣間見えるバラバラに切り離された場面がつなぎ合わされた、非現実的な瞬間の連続となることでしょう。

これがどのように展開されるかは、２つの生き方の違いにのみかかっています。

自己覚知と覚醒の違い

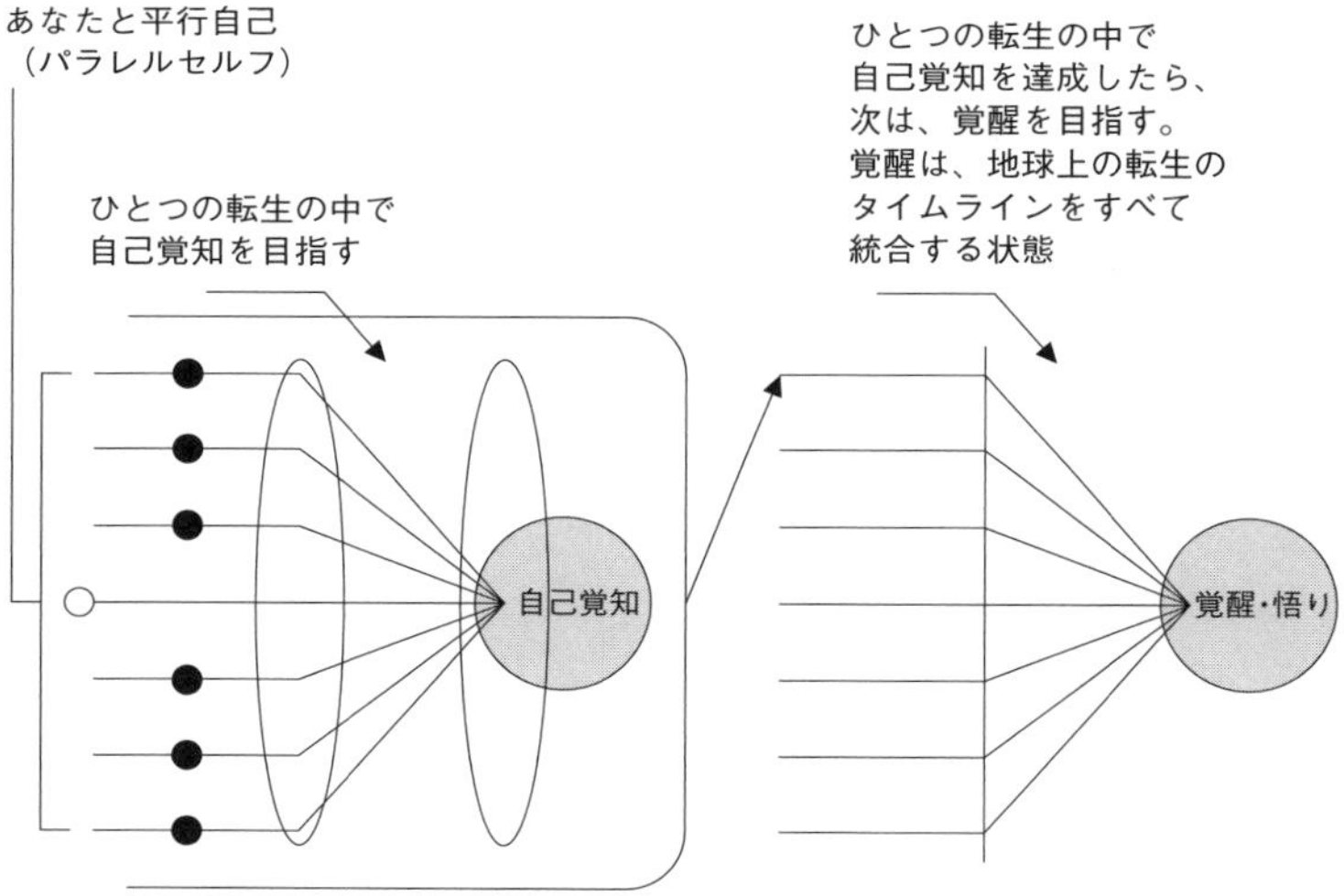
あなたと平行自己
（パラレルセルフ）
ひとつの転生の中で
自己覚知を目指す
自己覚知
ひとつの転生の中で
自己覚知を達成したら、
次は、覚醒を目指す。
覚醒は、地球上の転生の
タイムラインをすべて
統合する状態
覚醒・悟り

※自己覚知はひとつのタイムラインの
平行自己をすべて統合すること

※覚醒の状態になったときに、地球上のすべての情報、
すべての過去世、未来世、自分のタイムラインを統合する。
そうすると、あなたの意識、視点はオーバーソウルにあり、
すべての自分の転生を統合した存在として生きていくことになる

自分が誰であるべきか（行動――Doing）というとらえどころのない理解を追い続けるのか、**自分が何であるか（存在――Being）**を「畏敬の念をもって丁寧に知る」という拡大した生き方をするかです。

創造主のマインドの粒子である永遠の魂があるにもかかわらず、なぜ私たちは生まれたときから自己覚知しないのでしょうか？

スピリットは、「大いなるものすべて」をよりよく理解するために、永遠の魂と結合します。

魂は、複雑な次元の現実を目撃するために、人間のスピリットと協働します。

魂はジャッジすることなく、ただスピリットの叡智を高めるために、インスピレーションを与えようとするだけです。

魂はタイムラインに変えることのできない障害をつくります。スピリットが拡大していくスピードを加速できるように。そしてスピリットは転生する前に、オーバーソウルがタイムラインに配置した変えられない出来事を理解しているのです。

多くの人は、変えられない出来事を自分の全体的なテーマや人生の目的の一部として考えています。でも人間のスピリットは、この**「現実の人生を探求したい」**という願い以上の目的を持っていません。魂にも、人間のスピリットが時空の中でどのようにお互いに作用し合うのかを**「観察したい」**という以上の目的はありません。

すべての知覚を持つ生命は永遠です。

定義の上では、永遠の魂は文字通り永遠であり、またスピリットも永遠です。植物であれ動物であれ、あらゆる種類のスピリットは、自分が滅びることなく、絶えず進化する存在パターンを通して、ガイアのマインドの中を移動していることを知っています。

人間のスピリットもまた、逆境を克服することによって得られる価値を理解しています。地球上のすべての生命体がそうであるように、人間のスピリットも、刻々と変化する条件や状況を生き延びるための戦略を駆使しています。植物と動物のスピリットは、永遠の「今」に生きているので、葛藤することはありません。

進化し続ける人間のスピリットの戦略に隠れているのは、**過去の多くの転生での未解決の問題、まだひきずっている後悔や内なる葛藤です**。転生と転生の間の時間は、過去の転生から生まれた問題を完全に癒やすわけではありません。

私たち人間は、その脳の大きさゆえに、生きるためには、数年間の面倒を見てもらい教育してもらわなければなりません。人格の発達において、遺伝と教育のどちらがより大きな影響を与えるかという議論はばかげています。**エーテル体《フォーム》においてのスピリットと魂のつながりが、ほとんどの人格を決定する**からです。

養育については、私たちは両親をその遺伝的ハーモニクスによって選びます。彼らの行動で選ぶわけではありません。

私たちのスピリットは、遺伝子系統の長所と短所を自然に理解し、転生を重ねながら戦略を練《ね》ってきました。このために、ほとんどの場合、人間のスピリットは、馴染《なじ》みのある血統へ転生します。

人間の内なる戦い
The Inner Battle of Humans

さて、ここからは個人の話になります。自己覚知へと展開する旅が本格的に始まるのは、「正しくあらねばならない」という欲求が生み出す脳内化学反応への依存を解いたときからです。

新しく訪れる瞬間ごとに、私たちの選択を駆り立てる好みは、最もシンプルかつ簡単に習得できる、内なる葛藤から最初に生まれました。正しいか間違っているか、良いか悪いか、暑いか寒いか、上か下かなどの葛藤です。

私たちは即座に、自分のニーズを満たすためにほかの人を喜ばせることを学びました。この時点で、私たちは両親から家族の見識を身につけます。その両親もさらにその親から受け継いだものです。

数年経って、親の見識の境界線に逆らって周りを操作する能力は、個としてのセルフパワーを感じる助けになります。社会的発達段階のこの時点で、私たちは同じ分別、ジャッジ、偏見、先入観や人の操作方法を共有する友達やアウトサイダーを見つけるようになります。

幼年期から青年期にかけてのしつけという遺産は、私たちの本質を変えてしまいました。私たちの「叡智の自己」は、「所属すること」「外からの承認」に入れ替わってしまったのです。内なる葛藤が、家族、親戚、友人や仕事仲間に受け入れられなければならないという、より深い複雑さを帯びると、私たちは自分の「正しさ」に依存するようになります。こうなると、他人の意見に左右され、自己認識は失われます。

潜在意識は、純粋なヴィジョンから大いなる意図を実現する代わりに、ジャッジメントから力を得た、居座りつづける内なる葛藤の中でふらふらしているだけなのです。自己覚知から遠ざかるだけならまだしも、さらに「自分が裁かれたと感じることを許す」という息のつまるエネルギーも持っているのです。

チェロキーインディアンの物語に、人間の中に住む２匹のオオカミの話があります。ある晩、チェロキーの勇者である長老が、孫に**「人間の内なる戦い」**について話しました。

「よくお聞き。すべての人間の中には２匹のオオカミが住んでいて、その２匹はいつも戦っているんじゃ。一匹は悪。怒り、羨望、嫉妬、悲しみ、後悔、貪欲、傲慢、自己憐憫、罪悪感、恨み、劣等感、嘘、偽りのプライド、優越感そしてエゴのオオカミ。もう一匹は良きもので、喜び、平和、愛、希望、安らぎ、謙虚、やさしさ、博愛、共感、寛容、真実、思いやりと信頼のオオカミなのだよ」。

孫は少し考えてから、祖父に聞きました。

「どっちのオオカミが勝つの？」チェロキーの長老は、

「おまえが餌をやったほうじゃ」と答えました。

この話のポイントは明白です。私たちのほとんどは、２匹のオオカミの間の非常に細い線の上を歩いているのです。

人類の集合意識の完全な啓示

The Full Revelation of Collective Human Consciousness

◎人間のスピリットの自己覚知について

自己覚知は、過去と未来を「今」という瞬間に統合する贅沢を私たちに与えてくれます。これが「ビーイング Being ——存在」です。

「ドゥーイング Doing ——行動」は男性性であり、存在することは女性性です。

二元性のマインドでは、私たちは行動する者です。常に自分の考えを、行動を通して表現しています。

ユニティマインドでは、すべての思考は「感情から始まる」ことを理解しましょう。

起きていても眠っているときも、深い潜在意識は常に本能のエネルギーを放ち、感情体をかきまぜます。

幼少期のトレーニングを通して、私たちはどのような感情や思考を行動に移してはならないかを学びます。

感情と思考が切り離されると、その空白は欲望という疑似エネルギーで満たされます。このとき、私たちの真の表現は、好みや偏見に置き変わってしまうのです。

欲望を満たそうとする絶え間ない圧力は、私たちから目覚めに必要な拡大するエネルギーを奪います。

人間のスピリットが自己認識、自己実現、そして自己覚知を通して開花すると、私たちはボディ、マインド、スピリットの真のバランスを知ることができます。このバランスによって、自己を統合し、主権を持った自主独立した状態に到達することが可能になるのです。

魂には、バランスを取ったり解放したりしなければならない内なる葛藤もなく、満たす必要のある欲望もありません。私たちの魂は、人間のスピリットの投影、反射、現実化を、ジャッジすることなく観察しています。

魂レベルでは「正しい・間違い」の概念はありません。
ジャッジも偏見もなく、次元現実を観察しています。

スピリットが「正しくなければならない」という必要性を手放し、意図することすべてにおいて、無限の歓びで満たそうとするとき、永遠の魂意識は自由に、**体とスピリットに流れるガイアの生命エネルギーを、大いに増やし高めることができます。**

そして私たちは、ガイアのパワーを増幅するのです。欲望から自由で、純粋な意図を持ち、純粋な感情・思考を今この瞬間に輝かせる者として。
開かれてゆく私たちの感情・思考は、「今」毎瞬毎瞬、現実化します。
この状態こそ、ガイアが意図した「肉体、スピリット、魂が協働する、三層からなる恵み溢れる存在」です。

過去の二元のサイクルでは、より大いなる叡智に目覚めることに焦点を絞ってきた人々は、古代のスピリチュアルな訓練と次第に複雑になっていく技術によって、自己覚知への道を体験してきました。今回の新しいユニティサイクルでは、個人は非常に異なる経験をしています。

私たちは、二元性からの深遠なシフトを目撃するために、この時間軸に生まれています。**啓示——目覚めの瞬間が近づいていること**と、私たちのＤＮＡに突然変異の結び目があることは同じです。両方とも変えられない出来事があり、日常の意識から自己覚知への移行を避けることはできません。

第２次世界大戦以降に生まれた人のほとんどが、潜在している感覚意識を魂意識へと目覚めさせたいという深い衝動に駆られて生まれてきました。

そうするには、「大いなるものすべて」につながろうとする意欲と、真摯さ以上のものは、必要ありません。

押しつけられた幼少期のトレーニングは、完全なる叡智に突然目覚める拡大の瞬間を、私たちから奪うには十分ではありません。

物理的に、感情的に、精神的に虐待されたとしても、単におそろしいほど無自覚な家族によって無視され、捨てられたとしても、**私たちはこのタイムラインで、自己覚知へと目覚める瞬間を、自分の中に持っています。**

そして、その自己覚知は、すぐに覚醒へと拡大するのです。

第5章

「光の12日間」の真実——そのとき何が起きるのか？

The Truth About the Twelve Days of Light
What will Happen Then?

啓示の展開にともなう個人の反応パターン

Individual Response Patterns as Revelation Unfolds

自己覚知とその先につながる避けられない出来事の瞬間は、12日間かけて構築される気づきから始まります。

人類の集合意識は、同時に5次元の意識に進んでいるわけではありません。特殊なグループに属している人たちは、一緒に同時拡大を経験することができますが、ほとんどの場合、個々に目覚めていきます。

地球外生命体が人間を模倣した形態から抜け出して、すべての人類の前に本当の姿を明らかにしたとき、知覚・認識が著しく変化することを理解しておくことは大変重要です。彼らは、ガイアのマインドの中で、人類の意識がピッタリのハーモニクスに変化するのを待っていたのです。

狭い時間枠のある時点で、人類の集合意識が突然拡大するために、誰もが反応することになります。各個人の反応パターンは、まだ解放していない内なる葛藤の種類と数によって異なるでしょう。

自分のジャッジがつくった現実を生き、こり固まった期待に感覚を支配されている人も、エネルギーブロックをすべて解放して、「永遠の今に存在するチャンス」を速やかに得ることができます。

もしあなたが、過去と未来に頑固にしがみつき、今まで深く投資してきた考えを変えたくないのであれば、大いなる啓示の直後、そしてそれに続く急速に展開する時間は、控えめに言っても、厳しいものになるでしょう。

あなたの生存本能は、外界への不信感を深めていきます。

すべての人類が、この大いなる目覚め、この黙示録、人生の真の秩序が明らかになる啓示を経験するでしょう。それが実現するタイミングは完全に、社会意識の深い眠りから「どれほど目覚めたいのか」という各人の意欲にかかっています。

これは大変な問題です。ほとんどの人は競争心があるので、「正しくなければならない必要性」への依存を手放すのに自分でできることはほとんどないからです。**新しい時代にスムーズに移行できるかどうかは、自分の魂意識のガイドに、どれほど従うことができるかにかかっています。**また、同じような移行を経験したメンターがいるかどうかです。

問題点は、ほとんどの人の人生の選択を導いているのは、「内なる葛藤」だということです。偉大な思想や核となる価値観に導かれているわけではありません。長い間育《はぐく》んできた内なる葛藤を手放すことは、ガイドしてくれる仕組みがないまま存在しなければならなくなるということです。

これが、ほとんどの人にとって、大いなる啓示が非常に困難である理由です。

◉良い知らせ　あなたが過去20年間、自分のスピリチュアルな本質を完全に否定して過ごしてきたとしても、人から借りてきた核なる信念を思い切り生きてきたとしても問題ではありません。

「光の12日間」の最初の数日間で、意識がエネルギーとともに、どんな冒険をするのかをはっきりと経験することになります。その数日がどのように展開するかの実際の状況は、**あなたの過去の葛藤や、未来への不安を手放そうとする意欲が決定します。**

言い換えれば、「光の12日間」の準備のために、特別しなければならないことは何もありません。前回のアトレイシア（アトランティス）のシフト以来、**何回も繰り返してきた転生自身が準備だからです。**

あなたは、「光の12日間」が過ぎたあとも、意識を完全に保ち続けるための必要な能力は、すべて持っています。

重要なのは、「ジャッジと葛藤が、常に人生を完全に体験することを邪魔してきたんだ」と理解することです。これは、はじめの数日間で、実に明確にわかるでしょう。

12日間の集合的啓示はどのように展開していくのか

How The Twelve Days of Collective Revelation Unfold

〝主の大いなる日は近い。それは近く、非常に早く来る。〟

ゼパニヤ書1：14

繰り返しますが「光の12日間」の最初の数日間、個人がどのように反応するかは、葛藤を手放そうとするその人の意欲によって決まります。

古代の預言者たちは、この時期を「審判のとき」と呼び、すべての人が「その現実化した思考によって、知られるようになるだろう」と言っています。

一つ一つすべての思考が、現実になるときなのです。

最初の数日間、完全に意識を保っていれば、自己覚知と覚醒に到達します。

すべてがあなたに差し出されるのです。

葛藤が唯一のバリアです。葛藤はストレスを生みます。ストレスは病気を引き起こします。そして病気は死を連れてきます。

覚えておいてほしいのは、私たちを病気にするのは、ありふれた日常の選択の葛藤ではありません。

権力というゲームで、勝者とみなされる人々だけを称える世界で生き残るために、長年にわたって妥協し、自分の核なる信念を、ないがしろにしてきたゆえの葛藤です。

私たちは、現実化のエネルギーが表現されている現実に生きています。でも、期待が自分の感覚をコントロールしているので、現実化エネルギーを知覚できる身体能力は大幅に制限されてしまっています。この制限は、私たちのマインドの合意が投影された、現実の背景の詳細を埋めるためです。

合意された現実の体験に制限がなくなると、私たちはガイアのマインドの現実化を、純粋なエネルギーとして知覚するようになります。

「光があらゆるところからやってくる」という表現は、かなり控えめです。

３日目の終わりには、宇宙から見た地球は、核融合の星のような輝きを放っているように見えるでしょう。固い地面に立つと、その輝きは、すばらしく鮮やかな日の出のように見えます。**すべての物質が、光と思われる色彩の変化を反映しているのです。**

意識の非物質的な輝きは、ガイアのマインドの光背です。

この出来事が、アカシックレコードで「**光の12日間**」と呼ばれている理由です。

12日間連続して、地球の中心から目に見える微細なエネルギーが大量に発せられます。

私たちの知覚が超次元のレベルに移行するにつれて、集合意識の日常を支配している空間幻想のパワーが大幅に減少するでしょう。

誰もが、それぞれ自分のタイミングで、何か今までとは非常に違うことが起こっていることを十分に認識しながら、12日間のスタートを切るでしょう。

体験の質の主な違いは、文化的であり、宗教の独断的な信念が、最も多くの人を混乱させます。神対悪魔、善対悪のアブラハムの宗教の概念は、信者たちの内側にも外側にも、痛みをともなう葛藤を引き起こすでしょう。

これらの宗教文化に属する人々は、自分たちの聖職者に導きを求めます。でも、納得いく説明ができる指導者はほとんどいません。彼らのほとんどが、感覚や感情に圧倒され、自分の教えの背後にある、より大きな真理と実際につながったことがないからです。

すべての生命が神聖であることを祝う地球を土台にした宗教は、ガイアのマインドの中で「**大いなるものすべて――ALL THAT IS**」が開かれていくこの啓示を、歓びとともに迎えます。

改変されることなく、世俗が押しつけたものでもない、真の神道や仏教を実践してきた人々は、合意された現実と時間の幻想を生み出すのは、自身の三層のマインドであることをすぐに理解するでしょう。

彼らはすばやく、自己認識から自己覚知、自主独立を経て覚醒へと移行します。

教育と社会的な経済水準が、決定的な役割を果たします。それは主として、生存していかなければならない貧しい人々や低学歴の人々のほとんどが、スピリットの感覚意識を魂意識へ拡大していく時間がほとんどないからです。

生きているうちに人生から手に入れられる物が、存在のフォーカスなのです。

宗教的な進行は、繰り返し救いを求める彼らにとってのいくらかの慰めになるでしょう。

非常に高い教育を受け、多くを達成しすぎた人々は、貧しい人たちと同様、困難なときを過ごすことになるでしょう。競争の激しい社会で成功するために、集中力とエネルギーをたくさん注いできたからです。彼らは、達成したものをすべてコントロール下におさめている、自分よりもパワフルな人たちに安心感を求めます。

繰り返しになりますが、これは内なる葛藤を手放すという意思・意欲の問題であって、人生というゲームで勝つための能力ではありません。

人もうらやむ物質的な豊かさや、すばらしい学歴で人生に勝ったと思ってしまうと、目覚めへの道は遠くなってしまいます。

ブッダが示唆したように、「執着も嫌悪もない、中道」が鍵です。

啓示の最初の日
The First Day of Revelation

啓示による意識の動きの主要な特徴は、基本的にこのセクションでとりあげていきます。ただし、さらに説明が必要な詳細がいくつかあり、必要に応じて説明していきます。このセクションは簡潔ですが、啓示の期間中、完全に意識を保っている人々にとって重要なデータが含まれています。

私たちの第三の目であるアジュナチャクラが地球の純粋な気のエネルギーで満たされると、１日目は、かつてないような物質の世界を見ることになります。物質の分子に反射する太陽の光の代わりに、すべての物質の中心から放射されるエネルギーを完全に体験することになります。

ガイアの二層からなる存在である生き物の多くに、実はこのような世界が見えているのです。だから、ペットがあなたと一緒に、世界の驚異的な美しさに圧倒されることを期待しないでください。私たち人間は、幻想的な現実の明確な輪郭線を好む唯一の動物なのです。理由は、科学や芸術といった日常的な探究が、もう少し扱いやすくなるためです。

一日が進むにつれ、光によって私たちの透視能力が強まり、オーラフィールドの質感と構造を完全に体験する機会を与えてくれます。初日の終わりまで意識を保つことを選択した人は、「この次元世界がいかに情報そのものであるか」に気づき始めるでしょう。

感覚意識《アウェアネス》が３次元と４次元の生存パターンから、３次元、４次元、５次元の感覚意識がコラボする創造的知性にシフトし始めると、すべてが多次元的になります。**色は音と匂いを持ち、音は色合いと香りを放ち、匂いは音色と輝きを運ぶようになります。**無生物は４つの特徴的なスペクトルの光を放ち、鉱物など地球の物質は主に黄色、水は全体的に白いフィールドを放射します。

燃えるものはすべてまばゆいばかりの明るい赤に、私たちの大気を構成するガスはきらめくまぶしい玉虫色の青や緑になるでしょう。

人間の姿は、７つの中央のチャクラに対応する色層で文字通り虹色になります。

個人の感覚意識の思いが、特定の思考エネルギー帯を活性化すると、その思考フィールドの色が、オーラの７層の上に重なり、さらに色彩を輝かせます。

この私たちを覆うフィールドは、個々の生命力の表現であり、思考に感情のエネルギーをチャージすることで発生します。

小さな葛藤やコントロールの問題に悩んでいる人にとって、微細なエネルギーのシフトは、荒々しく非常に不安定に見えることでしょう。

彼らが転生の未解決の変えられない出来事を見直すにつれ、今世やほかの転生の抑圧された感情が、色の波となって解放されます。

これらの人々は、生きるのに苦労しているように見えますが、その影響は主にエーテル体《フォーム》のみにとどまって、肉体は無傷のままです。

深い葛藤の中にいる人たちは、おそらく意識を失うでしょう。

未解決の課題と内なる深い葛藤によって生じたストレスが、肉体に影響を及ぼし始めます。シフトを完全に理解している人たちは、彼らを無意識の統合失調症から引き上げ、このグループが受けている影響を変えることができます。

このような「救世主」は、自動的に、気を失った人たちを助ける方法を知っています。愛に溢れた思いやりが、いかに葛藤のエネルギーを明晰《めいせき》さへと拡大するかを完全に理解しているからです。

動物は比較的安定した感情フィールドを持ち、世界を個人的に受け止めたり、自分の存在の正当性をジャッジしたりしないので、一日のうち彼らのオーラを支配する色合いはあまり変わりません。彼らの現実は何も変わっていないように見えます。動物たちにとっては、世界は常に輝きを放つ場所なのです。

動物の９つのチャクラは人間と似た色をしているので、あなたの子供が猫を「レインボー」と呼ぶのを許可しなかったあなたは、謝る準備をしてください。

しかし、動物は、特に狩りをしたり、されたりしている場合、感情的なエネルギーで思考をチャージします。また、リビングの床で日向ぼっこをしている猫が夢を見ると、オーラが変化するので、猫がご機嫌かどうか、目撃するチャンスもあるでしょう。犬も同じです。

小さな観葉植物は、花が咲くかどうかに関係なく、根元は黄色、上部は紫、次にラベンダーの色彩を放ちます。大きな植物は、動物とほぼ同じように層を重ねるのですが、虹色ではなく、支配的な色のグラデーションです。

あなたは、動物があなたと一つであること、そして植物がどのようにコミュニケーションをとっているかを知ったら驚くでしょう。**植物は、動物のオーラと、感情によって増幅された人間の思考エネルギーから深く影響を受けます。**

花を咲かせる植物の前に立ち、感情をこめて花の咲くのをイメージをすると、驚くほどの速さで花を咲かせ始めます。また、植物も感情エネルギーを発し、動物の心が落ち着くフィールドを作り出します。

12日間が進むにつれて、意識を完全に保ち続けている人は、地上のすべての生命の存続のため、すべての緑の生命体がいかに不可欠であるかを知るようになります。

一般的に言って、最もすばらしい植物は、屋外の大樹でしょう。一本の木に凝縮された意識を完全に理解することは、ほとんどの人にとって大変難しいのです。

大きな樹は、あらゆる生命体に対して、とてつもなく大きな寛容さを持っています。おそらくそれは、樹々の持つ寿命が長いからでしょうか、それとも一カ所に根を張り、生き残るために寛容さを身につけたからなのでしょうか。

大樹は、この次元の真に高貴な存在なのです。

ご想像のように、**初日は、色と匂いと音の夢の国のようになります。**

数千年ぶりにこの世界の現実を目の当たりにしたとき、湧き上がるコントロールできない感情の波は、あなたの安定を脅かすに違いありません。

あなたにできる最も大切なことは、**同じような考えを持つ人——ライクマインドの人たちと、ともにいることです。**自分を知っている人たちと一緒にいることで得られる自然な高揚感が、最初の２日間の危機を乗り越えてくれるでしょう。

2日目、3日目／あらゆる思考がすぐに具現化する

Day Two and Three / Every Thought will Manifest Immediately

思考エネルギーが、現在合意している現実で私たちが経験しているゆるやかに形成されたエネルギー波から、物質フィールドですぐに具現化する波へと移行し始めます。

そうすると、思考は２日目の早い段階で、すぐに形をつくりたいと思うようになります。

このプロセスははじめ、視界の周辺にある光の輝きとして見えるでしょう。

それからあなたの思考の構造になる「硬い表面」が形成され始めます。

色、音、香りは、正午までにその強度が最大になります。

3日目の終わりには、あなたが抱くあらゆる思考が即座に具現化します。

このために、ライクマインドの人と一緒にいることが重要なのです。全員が同時に現

れる新しい「合意した現実」を形成するからです。

ここが「二元サイクルの思考→タイムラグ→現実化」というシステムにとどまりたい人の大半にとっての分かれ道になるでしょう。

彼らにとっては、物質としての思考へのシフトの体験は、夢だと思っているものの中で実現されるでしょう。また、二元性の影響を維持することにフォーカスしてきた人々は、暗記や一行ごとの学習などにも投資しています。

やがて、無意識に陥る人たちにとっても、暗記や試行錯誤による学習は、全智の意識に取って代わられるでしょう。

そして、妥協したくない人たちの中には、昏睡状態に陥る人もいます。

完全に無意識になる人は、基本、「神以外の存在は、誰もすべてを知るわけはない」という概念から生きているので、無意識を選択するのです。

2日目の終わり、無意識になることを選んだ人たちが、自分が二元性のサイクルから完全に離れ、集合意識とともにユニティに入ったことを意識的に知ることはありません。

啓示の日々が過ぎ去ったあと、彼らは自分が「５次元の存在」として活動できることに気づかないでしょう。このため、彼らはまだ古いシステムの制限の中で生きようとします。これは、短期間だけ許されるでしょう。

２０３７年の終わりまでに、集合意識は統一され、無意識のままだった人たちも、新しいユニティサイクルの無限の境界の中で活動することが義務づけられます。

３日目には、完全に意識を保ち続けている人たちが、未解決の過去の問題をすべて解決します。彼らは**人間の集合意識から自由になり、ガイアのマインドの次のレベルへと解放されることになります。**

最初の３日間で明らかになったすべての能力はそのまま保持され、無意識という集合意識の性質に二度と圧倒されることはないでしょう。

これまで無意識になることを選択した人たちは、意識的な現実感を得て、その瞬間に現れるそれぞれの考えを目撃しながら、深い自己検証に入っていきます。

それは、コントロールが利かないまま夢から夢へと移っていくような体験です。

このプロセスは、10日目と11日目まで続き、彼らはときどき空気を求めるかのように、トイレにいきます。幸いなことに肉体は習慣の奴隷なので、夢遊病のような形で行います。

4日目／葛藤が終了する

Day Four / Inner Conflicts will End

そのとき、第七の天使がラッパを吹き鳴らすと、
天に大きな声が響き渡った。
「この世の王国は神の王国になった……」

ヨハネの黙示録11：15

4日目、拡張された現実を完全に認識している人は、次元現実に対する知覚が大きく変化したことに気づくでしょう。

新しく形成された合意に基づいた期待は、新しいバージョンの時間と空間に基づいたものになります。まだ続いてきた**葛藤の感情はすべて終わります**。

この時点で、**いかなる種類のジャッジや比較も終了しているでしょう**。

すべての過去と未来への関心は、神秘的な研究でよく言及される「永遠の今」――この瞬間のために解放されます。

完全に意識的であり続けるためには、生き残ろうとする人たちからの投影と、それにともなう葛藤を手放すことが必要なだけです。

したがって、**この時点まで完全に意識的であり続けた人は皆、覚醒したリーダーシップの理想に基づいて行動することになります**。

疑いのない個人は、信念の内容に関わりなく、自分の信念に従って意識的に現実化できるようになります。

多くは、自分が深く信仰する宗教の原理を実践するでしょう。

たとえば、無意識状態を続けることを選んだ人、特に何らかの想像上の罰によって浄化される必要性を感じている人を「救うこと」が自分の使命だと思う人もいるでしょう。

このような「救世主」タイプの人々の中には、なかば無意識の状態にある人々に直接介入しようとする人もいます。

自分たちが新しい集合意識だと受け取っているユニティの状態へ、彼らが早く統合できるように仲介するのです。でもその結果は、状況によってさまざまです。

誰かをその人自身から救うこと。過去の未解決の問題に内面で取り組んでいる誰かを目覚めさせること。このような行為がもたらす極端な結末は、内なる葛藤を完了しようとする本人のプロセスを邪魔して、啓示後まで続くかもしれない苦しみに、彼らを追いやってしまうことです。これがもっとも行われるのは、愛する人や家族に代わって状況をなんとかしてあげようとする場合でしょう。

ほかの「救世主」タイプは、二元性の幻想から魂を解放するという、より高次の表現のために働くのではなく、自己利益から行動します。

半ば無意識状態の人々を、特定の信念体系に取り込むために介入するのです。

啓示の最初の数日間、意識を失うことを選んだ人々の大半は、始まりから３日は、展開する夢から夢の物語という現実を体験しています。その状況に即座に解決策を提供してくれるダイナミックな「救世主」タイプに、彼らは喜んで従うことでしょう。信者を探している完全に意識を保っている「救世主」にとってのおいしい候補者になるのです。

また目覚めた人の中には、コミュニティを創造するために、新しい現実を解説して「ほかの人を導くことが重要だ」と感じる人々もいます。

このような人の多くは、以前の二元サイクルにおいて、自分が地球に属しているとは思えなかった人たちです。彼らは自分たちの文化に違和感を感じ、競争と消費を中心とした以前の世界の価値観の中には「居場所がない」と感じていたのです。

これらのコミュニティは、まだ完全に目覚めていない人たちに役立ちます。

彼らは認められ、受け入れられることで、温かさを見つけることでしょう。

5日目／創造のすべてがわかるようになる

Day Five / You will Know All about Creation

この時点まで完全に意識を保っている人は、「光の12日間」の最初の数日間のように、思考が単にエネルギー形態として表現されるのではなく、硬い物質として表現されていくことに慣れてきます。

制限のない新しい自分のマインド空間の中で自由に動き、現実化を可能にする、新しい一連の合意された期待を完全に理解するでしょう。

エネルギー形態として表現される思考と、物質形態として現れる思考の違いが、合意の現実における大きな変化です。

感情的にエネルギーチャージされた思考形態が物質になるためには、思考のハーモニクスを、新しく合意された期待の一般的な周波数に合うように減少させなければなりません。

では少々荒っぽいですが、私たちの今の現実から、物質がどのようにエネルギーとして感じられるようになるのか、例をあげてみましょう。

塗装された木のテーブルがあります。塗られた外側の表面、塗料が付着している木材の表面、木を構成する繊維、繊維をつくり出す構造、繊維の構造を明らかにする神聖な形体を生み出す原子、そしてそのプロセスを開始させた指令までが**すべて同時に体験できるということです**。

さらに、意識をフォーカスするなら、個々の層を経験する能力も備えています。

考慮すべき情報がたくさんあるように思えますが、それは今のマインドにとってそうであるだけです。

啓示ののち、私たちは現実を構成する「創造の各層」を観察するとき、顕微鏡や望遠鏡を使わなくてもわかるようになるのです。

完全に意識を保っている人は、ユニバーサルマインドから機能し、神秘家が常にそうであったように、何の制限もなく具現化した現実のすべてのレベルを経験することができるようになります。

5日目、6日目、7日目／肉体の飛躍

Days Five, Six and Seven / The Leap of our Physical Body

「光の12日間」の中間点で、私たちの三層のマインドは完全に協働しています。DNAの中にある突然変異の結び目は、完全に解けました。私たち人間のスピリットは、啓示へと導いた「進化する生存戦略」を解放して、最終の段階へと到達したのです。

魂の永遠の叡智は、人間という存在のあらゆる側面を含むように拡大しました。

私たちはやっと、生と死の輪から降りたのです。

心臓、肺、胃を除いたほかの重要な臓器の機能は、内分泌系の腺が、体内で純粋な気を動かしていくにつれて、徐々に休眠状態になりつつあります。

生きていくために、外部から栄養を補給する必要がなくなります。

二元のサイクル中、肉体が引き受けていた競争の生存戦略のストレスがなければ、体

を修復し再生するために、何時間も無意識になって眠る必要もなくなります。

私たちの体は、隣接する領域へ感覚意識を投影することで、完全に休まるのです。

血液の適切な粘度を保ち、体を潤滑にするために水は飲みます。また、水の分子を囲むエーテルエネルギーは、肉体の電気フィールドを完全に充電しておくために必要なのです。気は、肺とは関係のない開口部から、体に流れ込みます。

私たちは、まだ呼吸をします。３つの脳に大量の気を確保するためです。

３つの脳とは、腹、心臓《ハート》、松果体にあります。

ＤＮＡレベルに起きるこのシフトのために、**私たちの神経系は、現在背骨の根元に眠っているクンダリーニのエネルギーを扱うことができるようになります。**

この垂直方向の地球エネルギーの上方への拡大は、エーテル体を取り巻くプラズマフィールドの深い力を目覚めさせ、「光の12日間」の間、完全に意識を保っている人々に、無限の肉体的パワーを与えるでしょう。

このプラズマ場は、しばしばライトボディと間違えられますが、それは感知できる人には「光のきらめき」として見えるからです。そして、このエネルギー場が、肉体の物質をアセンションレベルまで振動させることができるのです。

このプラズマ効果は、無限に続きます。

「光の12日間」の中期のほとんどは、体が体験する突然のジャンプが引き起こす影響を管理することに費やされるでしょう。

生存するために地球エネルギーに依存する重力ベースの器官を備えた体から、ガイアのマインドが具現化した、次元の現実に溢れる微細なエネルギーをベースにした体への飛躍です。

この時点では、すべては可能性の領域内にあります。

想像力だけが唯一の境界です。

都の城壁の土台石は、あらゆる宝石で飾られていた。

第一の土台石は碧玉《へきぎょく》、第二はサファイア、第三は玉髄《ぎょくずい》、
第四はエメラルド、第五はサードオニキス、第六はカーネリアン、
第七は貴かんらん石、第八は緑柱石、第九はトパーズ、
第十はクリソプレーズ、第十一は青玉、
第十二は紫水晶であった。
また、十二の門は十二の真珠であって、
どの門もそれぞれ一個の真珠でできていた。
都の大通りは、純金で透き通ったガラスのようであった。

ヨハネの黙示録21：19〜21

8日目、9日目／5次元の意識へ

Days Eight and Nine / To the Fifth-Dimensional Awareness

完全に意識を保っている人には、８日目と9日目に、いくつかの小さなボーナスがあ

ります。魂の転生のタイムラインがすべて明らかになり、**人生はこれまで想像もしなかった次元に突入します。**

同時に、スピリットの進化の道筋も完全にわかります。

ガイアのマインドの「大いなるものすべて」の叡智とあいまって、創造のすべてに対する無限の寛容の気持ちが生まれます。

広々とした静けさに包まれた深い覚醒が、刻一刻と浸透していきます。

呼吸のひとつひとつが、男性性と女性性、行うこと《ドゥーイング》と存在する《ビーイング》こと、既知と未知、相対と絶対という「二元性を統合する神聖な熱意」で満たされてゆきます。

あなたの体の感覚は、超常的な領域へ劇的にシフトします。

ピーチゴールドのエネルギーフィールドがあらゆるものを取り囲み、あらゆる物質のオーラとエーテル体を覆い隠しています。

大気の鮮やかな青を背景に、金色の斑点が放射状に広がり、光り輝くリボンのような地球のエネルギーの流れが、大気の中をらせん状に流れています。

地球の歌があなたの心を満たし、音と色が一つの表現の中で溶け合い、あなたの観察を多次元的な現実へと誘《いざな》います。

「言葉では自分の複雑な意識や感覚を、完全に伝えることができない」と気づくと、言語はもう役に立たなくなります。

あなたは、純粋な感情と完全に形成された思考を組み合わせたマインドの感覚によって、この世界の境界線と幾重にも重なる層を貫通することができるでしょう。

凝縮された意識の流れは、焦点を定めた経路に沿ってレーザービームを放ち、あらゆる思考を含んだ可能性の「完全なヴィジョン」へとつながります。

あなたという表現の中に、ボディ、スピリット、ソウルが完全に凝縮されているのです。**全体の中の全体、一なるものの中の全体。真の三位一体です。**

気づきの低い人たちに影響を与えたい人たちにとって、これは完璧な瞬間です。

無意識であることを選んだ人たちは、そのプロセスを止めてくれるものをなんでも受け入れようとします。果てしない夢から目を覚ますために、どんなものでも掴むでしょう。彼らの疲れはさらに深まっています。目覚めたいのに、知ることを恐れるあまり、混乱しているからです。

あなたの強力な影響力に気づいていてください。

言い換えれば、**完全に目覚めたあなたは、ほかの人を目覚めさせるのです。**でも、あなたが葛藤なく存在するという事実は、その介入が葛藤なく受け入れられることを保証するものではありません。

他者の深い内的葛藤は、ハートが大きく開かれた人の中にある「救世主」を引き出す傾向があります。困っている人が愛する人である場合はなおさらです。「奪う愛」（345ページ参照）から「赦す愛」（346ページ参照）までの愛の最初の4つのレベルでさえ、啓示の中間点以降のエネルギーがもたらした意識状態を達成した人にとってさえ、非常に魅惑的です。

意識のもう一つの大きなシフトは、8日目の早い時間に起こります。

自分の外側にフォーカスした**完全に意識を保っている人、そして周りを助けたいと思っている人は、無意識の人々のための、光と明晰さの中心となります。**

彼らは自らを「救世主として表現する必要性」を超えた存在です。集合意識から目覚めたいと願う人たちは、彼らをアバターとして経験することになるでしょう。

バランスをもたらしたいという無私の思いは、最も重い病気さえも癒やすことができるのです。彼らの使命は、「光の12日間」の日々が終わる前に「できるだけ多くの魂を目覚めさせ、葛藤から純粋な意図の明晰さへと導くこと」です。

これは本当に重要で、いくら強調してもし過ぎることはありません。このようにして男性性と女性性のバランスを確実にするのです。

「光の12日間」の前半に意識を保っていた人々の中には、最初の瞬間から無意識になった人たちをコントロールしようと意図する人たちがでてくるでしょう。

無意識の人々は、自分が目覚めた「5次元の存在」であることを知らないのです。

ユニティ意識におけるこの最初のバランスがなければ、他者に命令しようとする勢力がすべての生命の荒廃を引き起こすでしょう。

でも良いニュースがあります。ガイアのマインドであるアカシャには、これが実現しないこと、ユニティが優勢になることがすでに書かれているのです。

啓示である「光の12日間」は、二元性とユニティの間の砂に描かれた一本の線です。

「二元性の信念を持ち続けたい」と願う比較的少数の人々は、２０３７年まで、それが許されます。

誰もが５日目以降に「５次元の意識」を持つことができるようになります。

だからこそ、二元性と否定の概念を新しいサイクルに継続することが許されるのです。

このことは、以下の資料を読むときに覚えておくとよいでしょう。

よくわかっていない大衆をコントロールすることに成功した人間たちは、覚醒した人々を、「自分たちに対する脅威」として彼らに認識させます。

覚醒した人々のグループの中には、あえて「肉体のくびきを投げ捨てる」という、最大の意図のデモンストレーションを選択する人々がいます。

なぜ自らの命を差し出す殉教という道を選ぶのか、そのヴィジョンは明らかにされるでしょう。これは、彼らが地球での最初の転生の呼吸をする前に計画したことです。「何かと闘うことは相手を実体化することである」という偉大な真理が示されるのです。

目覚めた人たちが投獄され、のちに死ぬように言われたとき、彼らは自らの死をもって「最高の世界意識」の召喚を行います。

彼らが許可した死は、多くの北米先住民の予言の中で語られる偉大な**「世界霊――グレートワールドスピリット」**を呼び出すことになるのです。**世界霊とは、ガイア自身です。**

この犠牲が召喚として表現されるのは、完全に自己実現した存在として、永遠の魂が明確に意図して肉体/スピリットの共同作業を解くことを選ぶとき、その行為が世界霊――グレートワールドスピリットにもたらす錬金術的な効果を知っているからです。

人間が意識的な選択をして命を差し出すたびに、その魂のマトリックスの、肉体に宿っていた14万4000個の細胞から発せられた気のエネルギーが、地球のエーテル体に逆回転、反時計回りで放出されます。

この逆スピンは、地球の垂直方向のエネルギーを自分自身に引き込み、元のエネルギーを強烈に増幅します。多大な数の意識の流れにそって方向づけることができるこのエネルギーは、あらゆる形態の生命をリニューアルします。

増幅された魂のエネルギーが、世界霊——グレートワールドスピリットを目覚めさせるのです。

目覚めた世界霊は、司祭や魔術師などエネルギーを動かすイベントの主催者や、意識的に肉体を解放した、まさにその魂に代わって行動することが義務づけられているのです。後者の場合、大いなる世界霊に指令をくだすのは、個々の魂です。

彼らの意図は、少数の支配者によって、おとなしい人々に課せられた不平等に、すばやく終止符を打つことです。

10日目、11日目、12日目／無意識の人たちと目覚めた人の違い

Days Ten, Eleven and Twelve / The Difference Between the Unconscious and the Awakened

「御使いは、神の御座から都の大通りの中央を流れる、水晶のように明るい命の水の川と、その川の両側にある、12種類の実をつけた命の木とを私に示された。」

ヨハネの黙示録22：1～2

最後の3日間は、無意識の人たちにとっては、最初の3日間の逆を体験します。2日目から9日目まで意識を失っていた人の多くは、10日目になると、徐々に自らに課した眠りから覚め始めます。

そのとき、自分がいかに長い間、周りの世界に気づかずに過ごしてきたかに気づき、大きな混乱と怒りが生じるでしょう。

夢からなんとか覚めようとしたこと、自問自答のシナリオが次から次へと始まり、止

まらなくなったことなどが記憶に新しく残っています。そして、無意識の間にキリスト再臨のような出来事に巻き込まれた、行方不明の愛する人や友人たちのことも、説明がまったくつきません。

この数日間、何が起きたのか、ほんのわずかしかわからず、記憶にはほとんど意味をなさない断片があるだけです。「わからない」が深いフラストレーションの波を生み出します。合理的な説明が、まったくできないことだらけなのです。

独断的な信念の敬虔《けいけん》な「信者」だった人たちの盲目的な信仰は、あっという間に、しかも広範囲にわたってくずれるでしょう。

宗教の信者は、その指導者たちに何が起こったのかの説明を求めます。でも、彼らもまた意識を失っていたために、一切の説明ができません。幻滅した人たちは、永遠の世界に責任を負わせようとします。

少数の支配者は、２０２７年に姿を現す思考ベースの地球外生命体に対しても、混乱した無意識の人たちを、コントロールすることでしょう。

12日間、意識を失ったままの人々は、まったく異なる現実の中へ目覚めます。

まるで、別の地球にいるような感覚に陥るでしょう。

「なにかがどこか違う」というしつこい感覚、現実と歩調があっていない感じが高まって、彼らの感覚意識を圧倒します。

12日間の超感覚効果によって、五感のすべてが集合体として同時に表現されます。

音は光から、光は匂いからやってきます。音と色は同時に観察したものから放たれ、彼らのマインドを情報で混雑させるでしょう。

あらゆるところからエネルギーが発せられ、思考は物質として現れる中、目覚めたばかりの人は、自分が今、自分が信じているよりも「ずっと偉大な存在である」ことを知り始めます。そして、眠りに落ちる前の生活をきちんと元に戻そうとする間、さまざまな現象にますます気を散らすことになります。

早起きした人たち、つまり**「光の12日間」の最初の数日間に目覚めた人たちは、拡大**

した意識への完全な移行がずっと楽にできます。

目覚めた大多数の人々は、最も拡大した愛を表現します。

地球のあらゆる生命を通じて進化してきたという完全な記憶を持つ彼らの深い思いやりを凌駕するのは、ガイアへの圧倒的な感謝のみです。

ジャッジや偏見に縛られることなく、すべてのスピリットは、新しい現実の表面を超えた世界を見ることになります。人間関係でも、お互いの魂の中を覗き込むようになります。

今という瞬間に全体性をもたらす能力は、彼らのもとに集うすべての人々に大きな安らぎを与えることでしょう。

目覚めた人々はどこに行っても、常に広がり続ける穏やかさが周りに伝染していきます。

その肉体を取り囲む青く輝くエーテルプラズマエネルギー（具現化した微細なエネルギー物質の蒸気層）の3個の卵形が重なった同心円状のフィールドは、彼らが宇宙意識とつながっていることを示しています。

ほかの人々には、彼らが深い思いやりに動かされている通常の能力を超えた力を持っていることが伝わります。ガイダンスを求める人は、自分が完全に認められ、受容されていることをすぐに感じることができます。

10日目の終わりか、おそらく11日目の初めまでに目覚めることができた無意識の人たちは、多次元レベルで完全に活動している人たちのエーテルプラズマフィールドを認識できるようになるでしょう。

その後12日目の早い段階で、無意識に作用するエネルギーが、視野を横切るベールのような波動を発生させます。すると、オーラやエーテルプラズマの束を見る能力が失われます。

目覚めが遅れた人たちのこの超感覚の能力の発動の遅れは、自ら招いたものであり、三層がコラボするマインドに完全に目覚めるなら、力はいつでも取り戻すことができます。この誤解は、拡大した思いやりを表現している多次元的意識のガイドを通しても、解くことができます。

11日目／完全に目覚めた人は神々のような存在になる

Day Eleven / Fully Awakened People Become Like Gods and Goddesses

完全に意識的を保っている人は、新しい合意された現実の境界線と協調して、人類がなり得るものになるために、独自の側面を現実化し始めます。

これは、アトレイシア（アトランティス）の啓示のとき、「光の12日間」にも起こりました。

私たちは、古代シュメール人、ミノア人、エジプト人、ギリシア人、ローマ人の神々や女神の神話を通して、完全に目覚めた人々の能力や、現実化したヴィジョンについて部分的に知っているだけです。

残念ながら、このような計り知れない力を持っていた「目覚めた存在」についての報告はごくわずかです。

大半は、あまり目立たない生き方を選びました。

啓示がもたらす期待や意図のレベルで活動していない人にとっては、この期間中、完全に意識を保ち自主独立している存在は、本当に神話の神や女神のように見えるでしょう。

12日目／「ついに自由！」

Day Twelve / Free at Last!

ここで、完全に覚醒した人と、過去の集合意識からわずかに移動した人が、二元性とユニティのサイクルを分ける砂上の一線を越えます。

マーティン・ルーサー・キングがすばらしいゴスペル・ソングの言葉を引用しています。

「ついに自由！　ついに自由です。全能の神よ。私はついに自由になりました」

第6章

覚醒に向かう3つのレベルとシナリオ

Three Levels and Scenarios Toward Awakening

啓示の始まりの日、それぞれの反応パターン

Individual Response Pattens to the Beginning Days of Revelation

集合的な啓示の時期まで自己覚知を待っていた人たちにとって、最初の2日間で繰り広げられるシナリオはいくつもあります。

「アカシャ」には、啓示に対する「はっきりと異なる3つのレベルの経験」が示されています。ここにご紹介するのは、個人が体験する3つのパターンのそれぞれ極端なシナリオです。

繰り返しますが、ここで描いた単純化されたパターンは、決して啓示の最初の数日間の唯一のパターンではありません。特定の文化圏の人々は、その集団内で進化した信念体系に基づく集団特有の一般的傾向を持つようになります。

3つのシナリオは各レベルを一般化したもので、文化的な特徴ではありません。各反応は、程度の差こそあれ、ほかのすべての要素が含まれます。

大いなる目覚め全体の経験を決定するのは、**「どれだけ次のレベルの知覚に移行したいのか」という意欲です。**

次の３つの例は、覚醒に向かって感覚意識を拡大していく個人の一般的な枠組みを示しています。

これが自己覚知につながる、唯一可能なシナリオであることを意図してはいません。個人がユニティサイクルの大きな影響力の中に入っていくとき、さまざまな考え方や感情がどのように展開されるかを説明しようとするものです。

例１：最初の２日間

The First Two Days – Example #1

すべてが光り輝いて見える

朝の７時15分。あなたは深く安らかな眠りから目覚め、キッチンに佇んでいます。

最近買ったソギャル・リンポチェの『チベット 生と死の書』に目を通しながら、地元で見つけた特別なスマトラ・ゴールドブレンドを、コーヒーメーカーが淹れてくれるのを待っています。

最初の一口。ああ、温かいローストされた香りが口いっぱいに広がります。

今日もすばらしい夏の一日の始まりです。

お気に入りのベーグルを完璧な黄金色に焼き上げてくれる新しいトースターが、何の前触れもなく光り始めます。

内側だけでなく、なぜか外側も光っているようです。

コーヒーカップをカウンターに置き、確認しようとトースターに近づきます。

白い外側のコーティングは、柔らかな緑青に輝いています。コードは美しい藍色の光輪を放ち、コンセントに差し込む部分は見事な紫色をしています。その表面を手でなぞると、指先に心地よい、ちょっとむずむずした感覚が走ります。

部屋を見渡すと、どのコンセントも同じ色彩を放っています。使っていない機器のコードは、輝きが弱いようです。

あなたは、一歩下がって目をこすり、もっとよく見ようと眼鏡をかけ直しました。

流しの窓から見える温室のハーブガーデンは、エネルギーに満ちた虹色をしています。テラコッタの鉢は、ラベンダーやピンク色の花を包むように、鮮やかな赤を放っています。まるでエーテルの蝶がつぼみからつぼみへと羽ばたくように、花の周りや間をエネルギーが動いているのです。あなたは、その光り輝く動きがディーバの精霊たちであることを知って、微笑みました。

部屋にあるすべてが、さまざまな角度から柔らかな光を放っています。

あなたは何の邪魔にもならないように、慎重に部屋を移動しながら、スピリチュアルなメンターに電話をかけにいきます。あなたの人生の浮き沈みのすべてを通じて、この人は優れた教師であるばかりでなく、親愛なる友人でもありました。躊躇《ちゅうちょ》することなくすべてを話すことができる、世界で唯一の人です。

話を始めてすぐに、2人とも同じ体験をしていることに気づきます。この15年間、共に参加した形而上学のクラスはすべて、意識とエネルギーにかかわるものでしたが、今日まであなたはオーラを見たことがなく、その気配すらなかったのです。2人はこれが皆に起こっているのかどうかを確認するために、家族や友人に電話することにしました。また、今起きている形而上学的な出来事が過ぎ去るまで、家にいて毎晩電話でお互いの様子を知らせ合うことを決めました。

朝からの出来事に混乱し、怯えている考え方の違う人たちと話をするのは、なんて疲れるのでしょう。自分がおかしくなったのか、それとも60年代に遊びで体験したドラッグのフラッシュバックなのか、パニックになっている友人や家族もいれば、今は話せないからかけ直すように言う人もいます。

なんとか牧師や霊的なアドバイザーと話をしようと思っているけれど、うまくいっていないことが直感的に伝わってきます。彼らの激しい混乱とスピリチュアルな苦しみに対する深い共感が、あなたのハートに広がってきました。ハートチャクラから、ピンクゴールドの柔らかな光の輪が、彼らに向かって広がっていきます。

日が経つにつれてすべての物が、特別な光で輝いているだけでなく、今まで耳では聞き取れなかった音もはっきり聞こえてきます。突然、昨夜までの自分と世界との関わりが、いったいどのようなものだったのか、想像できなくなっていることに気づきました。きっととても鈍くて、退屈な世界だったに違いありません。

すべてがとてつもなくクリアになりつつあります。思考が集中しているがゆえに、疑問に即座に結論がもたらされます。実際、あなたのマインドは、疑問と答えの両方をすでに知っているような感覚です。質問と答えの間に、タイムラグがないのです。

あなたは日記にこう書き記します。

「1日目の終わり。すべての物質が等しくエネルギーと光を放つようになる。最初は電化製品——電力を必要とするものだけが光っていた。

電力を使うほど、光は大きくなる。宇宙はより青く、地球はより黄色く見える。ろうそくの炎は壮大な赤、祭壇のお皿の水は白っぽくて透明ではない。

すべての物質が、息を呑むほど美しい。窓辺の石も、玄関の繊細な細工の花瓶も、同じように印象的だ。**植物はどれも同じような色合いで輝き、大きな植物はオーラの強弱を幾重にも見せている。**

しかし、猫はまるで何事もなかったかのように変わらない。たぶん、これが彼女にとって普通なのかもしれない。最もすごいのは、彼女の鳴き声が生み出す優しいオレンジ色の光輪だ。その音はおもしろいことに、土臭いカビの香りがした」

日記を声にだして読むと、目の前の光、特に頭の上の光が濃くなり始めます。ためしに歌ってみると、高音のエネルギーは霧のように見えてきます。低音はそれほど変化しません。高い声で連続して歌うほど、霧効果はより続きます。

高音の急速な発声は、光からきらめく物質をつくり出します。カバラのクラスで習った、神々の名前を試しに唱えてみました。すると、信じられないような渦巻きとらせんがあなたの口から紡ぎ出され、部屋を厚い光の放射が満たします。

次に、この一週間、グループで練習してきたマントラを試してみます。〝OM《オーム》 BENZA《ベンザ》 SATTO《サット》 HUNG《フーム》〟と唱え、深く息を吸い込み、〝OM《オーム》 VAJRA《ヴァジュラ》 SATTVA《サットヴァ》 HUM《フーム》〟と続けます。そして、すでにあちらへ旅立った人たちのすべてのカルマが、浄化されることを思い描くのです。あなたの頭とハートから、想像しうる限りのあらゆる色の幾千もの光線が流れ出し、すでに部屋に在る光と一つになっていきます。

「すばらしい！」とあなたは感嘆の声をあげます。体の中心にあるチャクラは、エネルギーが鮮やかに並び流れています。「ただ、すばらしいわ！」

あなたの友人は、電話が鳴る前に電話に出ます。何マイル離れていても、まるでお互いがすぐそばに立ってハグしているようだと2人とも感じています。

本当の境界線が見えているのとは違うことがわかっている電話器を使うのは、まったく使い勝手が違います。実際、電化製品をまったく使う気がしなくなっています。

自分自身の体から発している光を、邪魔してしまうような気がするからです。電気が自分にとって害がないことは知っていますが、エーテル体全体の色が鈍くなるように思えるのです。


「本当になんて日なんでしょう！」


習慣に従って、あなたは寝る準備を始めます。鏡にうつった裸の自分を見てあなたは思わず声に出します。

「みんな自分の体がこんな風に見えるの？」

頭のてっぺんからつま先まで、何層もの光があなたを覆い、温かいタオルのような感覚があなたを包みます。一番外側の色は強い輝きを放ち、内側のほう、7つのチャクラの中心の色はより柔らかく、より繊細に表現されています。

永遠に続くかのような時間。

体をつたって水しぶきを上げながら排水溝へと流れる水は、とても心地よいのです。湿気があると、体から発せられる色彩が煌めいて、体のすべてを包むエネルギーのゼラチンのような色彩フィールドにブレンドされていきます。その壮大な色彩に、石鹸がまた新たな質感を加えます。

あなたとあなたの恋人のイメージが、周りの空間を埋め尽くしています。愛し合うことはどんな感じなのだろう、どんな音だろう、どんな姿だろうと。

タオル、パジャマ、シーツなどの「おいしい感覚」は、習慣的な眠りたいという気持ちを邪魔します。結局、今日起きたことすべてで、あなたはとても疲れているはずなのです。でも眠りはやってきません。ベッドに入ろうと思ったとたんに、すっきりするのです。

考えてみれば、一日中その状態が続いていました。食事をする時間だと気づくと、すぐにお腹が満たされていると感じます。喉が渇いたと思ったら、もう喉は潤っています。一日中、あなたの体験には、何のずれもありませんでした。満たされた全体性の感覚だけです。

夜はすばやく過ぎていきます。睡眠は、思考、エネルギー、形が創りだす夢のような連続性に満たされた「深い意識の休息」に置き換えられました。まるで、すべての思考があなたのマインドの周辺で、光の輝きを点滅させるかのようです。

このすべての体験の中心には、穏やかですべてを知る……ノウイングの「台風の目」が存在しています。マインドを超えた安らぎです。

創造の無上の喜びを感じる

目覚ましが昨日と同じ6時に鳴ります。

「昼と夜。最初の一日！」とあなたは声に出しました。

次に何が起こるのだろうと考えながら横になっていると、夢と遊ぶことがどんなにすばらしいか、朝少し早く目を覚まして意識的に感情やイメージの中に漂うことが好きだったことを思い出します。

過去の気持ちや感じるかもしれないフィーリングの見慣れた形が、明晰な色彩によって形成され始め、すばらしい夢の世界へとあなたを運びます。

あらゆる思考は幾何学模様となって現れます。あなたは光から現実を創造し、感覚意識は、平行次元のホログラフィックな層の間を自在に動いていきます。

次の瞬間、パァッと太陽の光が窓から差し込んできました。昨日のエネルギーの出来事が、今日はさらに拡大し輝きが増しています。

光はいたるところに溢れています。エネルギーの輝きがあなたの視界を覆い、思考はあなたの目の前に瞬時に現れようとしています。

まるで、思考そのものが現実の姿をとろうとしているかのようです。

時間は、純粋な創造性の中へと崩れていきます。すべてが楽、努力は無用です。

あなたは2日前の「あなた」を思い出そうとします。「自分は死にとりつかれた集合意識なんかに属していない」という古い感情があなたの体をわしづかみにして、腹筋をけいれんさせます。仲間たちに対する長年のジャッジが吐き気となってあなたを襲い、あなたはバスルームへ走り出します。

体のすべての細胞に吐き気が移動し、葛藤、罪悪感、恥などのフィーリングがすべて解放されていきます。傷ついた感情、誤解、怒りの表現などの漠然とした記憶だけをぼんやりと残し、セルフジャッジや「自分が裁かれている」という感覚は、みな滑り落ちていきます。

あなたの体はクリーンです。まるで生まれたての赤ちゃんのようです！疑いや恐れの影はありません。恨みの気持ちが、分子ひとつひとつから生命を搾り取ることもありません。縮こまった現実は、あなたの注意を引きつけることも、感覚を閉じこめることもできないようです。

自分がかつてそんな考えを持ったことさえ、想像もつかなくなっています。

とても遠い夢のようです。この光と歓びの世界とは、別の世界です。

時計を見ると、もう夕方です。昨日と同じように、一日中屋内で過ごしました。まるで胎内にいるかのように、自分自身のために、感情が光で紡ぎ出す、さまざまなイメージを創造しながら……。

あなたは生まれて初めて、自分自身で本当に人生を創造しています。何にもとらわれず、ただ創ることへのふるえるような歓びだけを感じて。あなたが今まで知っていた感覚とはまるで違います。でも何かとても懐しく、実にしっくりくる正しい感覚です。

午後7時。かつて一日の出来事と成果を振り返るための時間だった夕食ですが、もうどうでもよい感じです。その日の活動が空腹を満たしてくれたかのようです。

あなたは友人のことを思い出し、電話をかけようとします。その瞬間、相手から電話がかかってきました。

２人は同じような一日を過ごし、すべての発見に歓びを感じています。もはや、原因や結果にはこだわらず、瞬間瞬間に歓びを感じます。

再び、あなたは休むという習慣から、休息をとることにしました。あらゆるところから放射されている光が、陽の光を覆っても、太陽のサイクルを尊重することは不思議と大切なことのように思えます。

今、目に優しい光、強力な輝きだけがあります。肉体が休息に包まれると、意識的な睡眠が訪れます。休んでいる間、あなたはすべての瞬間を、完全に意識しています。

無意識からの欲望は、見当たりません。

無意識が創る現実など、考えただけでもばかばかしく感じます。

思考とフィーリングは一つです。あなたは今、思考がもはやエネルギーとしては表現されない、神秘的な領域に入ったのです。思考は今や実体です。

昼と夜、２日目が終わります。

大きな古い時計が奏でる６つのチャイムが、あなたの感覚を完全に自分の体に戻してくれます。３日目の今日、あなたは、自分が抱くひとつひとつの思考が現実となることを完全に理解します。もはや思考は、視界の周辺を舞う光の輝きではありません。

あなたはすぐに、自分よりも先に行ったすべての偉大な魂の存在を招きます。すると、深い青の宇宙から、光り輝く球体が現れてきます。慈愛に満ちた愛の光の存在たちが、時間を超えた大いなる神秘へと向かうあなたの感覚意識を導き、ガイドし始めるのです。

あなたの魂は、あなたの顕在意識が彼らの意識と一つになるにつれて飛翔します。

そして、雷のような拍手が、感覚意識を驚かせます。

サナンダ、イエス、アマテラス、観音、ブッダ、その他、数えきれないほどの存在たちが、あなたを歓迎するために集まっているのです。

彼らの無限の寛容さから送られる感謝の波は、あなたのボディ、マインド、スピリットをエクスタシーへと引き上げます。

これからもあなたは、自分がいつでもずっとこうであることを知っています。

例2：最初の2日間

The First Two Days - Example #2

「私は自分の人生で何をしたのだろう」

朝の7時15分頃、あなたはキッチンに立っています。昨夜は、最近急性の呼吸器感染症にかかった母親が発作を起こし、看病で大変な思いをしました。母は今やっと落ち着いていています。

あなたはカウンターに朝食の用意をしながら、「父さんが死んでから、母さんはとても苦労したのよね」と声に出して呟き、過去を振り返ります。

後悔の波が、お腹の底からわき上がってきました。

「みんな大変だったのよ」

バターが一晩中放置され、一部溶けています。あなたは重い肩をすくめて、朝食の準備を続けます。

「父さんが死んでから、母さんはほとんど口をきかない。いったい何を待っているのかしら?」と、新聞広告の食品欄で掘り出し物を探しながら、あなたは大声で問いかけてみます。コーヒーメーカーがコポコポと音を立てて、コストコで見つけたノーブランドコーヒーの最後の一滴がポットの中に落ちていきます。

一口飲んであなたは驚きました。姉が専門店で買ってきたブランドもののコーヒーより、美味しく感じられたからです。勝ち誇ったような気持ちになりました。

やっと自慢できることができたのです。なんだかうれしくなりました。今日がいい日になることが急に約束された気分です。

キッチンパントリーからロールケーキを取り出そうとすると、小さな収納スペースの詰め込まれた棚に、不思議な光が揺らめいているのに気づきます。

電気を消しても、キッチンパントリーはきらめきゆらゆらとしています。

あなたは、扉を閉めずに、部屋の真ん中まで後ずさりしました。あんぐりと開いた口を手で押さえながら、大きく息を吸い込みます。

「親愛なる神よ！　あ、あれは……、私は……。親愛なる主よ！」

あなたがその場でなんとか言えたのはこれだけです。回転する体をカウンターに捕まって安定させました。

すべてが同じように、きらめく光の中で輝いています。柔らかな細かい泡のような光の流れが、あらゆる方向からあなたに向かって降り注いでいるのです。

手を伸ばして、冷蔵庫の光り輝く表面に触れようとします。すると、冷蔵庫があなたに触れてくるのです。子供のような歓びが体を満たします。

それから恐怖がやってきました。そして自己不信。誰かに見られているのではないかと周りを見渡します。もう一度触れてみます。冷蔵庫がまた触れ返してきます。

「神よ、ご慈悲を！」。あなたの心は、先週出席した日曜学校に戻ります。来訪した青年牧師は、来るべき日々と、イエスを個人的な主であり救い主として受け入れた人々に、間もなく現れるしるしについて話していました。

廊下への移動はほんの一瞬です。「お母さん、起きて！　これは牧師さんが話していたことよ。間違いないわ。見て！」と言いながら、あなたは空に向かって手を伸ばします。体の動きに合わせて、エネルギーの軌跡が空中に描かれます。深い期待感が部屋を満たし、母親がゆっくりと目を覚まします。

枕の上のほうに頭をずらそうとすると、彼女の疲れた体はうめき声をあげました。弱々しく目は半ば閉じられ、喉のガラガラと鳴る音が、疲れたため息に重なります。

「お母さん！」

母親は突然叫び、目を見開いてあなたの後ろの部屋の中央を見つめました。

あなたの肩越し、壁際のテーブルの上に光り輝く雲が集まっていました。祖母の姿が目に入ると、あなたの目に涙が溢れてきました。

母親は、ベッドから体を起こし、前のほうに座りながら、光り輝く姿に尋ねました。「母さん、どうしてこんなに時間がかかったの？　ここでずっと長い時間待っていたのよ。一緒にいるのは誰？」

「ジャックおじさん？　ねえ、ジャック！」と彼女は満面の笑みで聞きました。美しい緑がかった青の光の集まりが、さっとあなたの祖母の横に現れました。

光は答えます。「いいえ、愛するわが子よ」。祖母の声が話し始めます。

「あなたを迎えに来たのはトーマスよ」。何度も子守唄を歌って眠りを誘ってくれた祖母の心地よい声が、頭の中で優しく鳴り響きます。

ベッドサイドの光が、人の姿を取り始め、アフターシェーブローションのオールドスパイスのなつかしい香りが、部屋中に漂います。

「お父さん？」。突然のことにひどく戸惑いながらも、あなたはベッドの足元にいるその人にあいさつをしようと一歩踏み出しました。

甘いスイカズラの香りが漂い、祖母の声が父親の声に変わります。その人影は母のほうへ向かっていきます。

「お嬢さん、ダンスを踊っていただけませんか?」

父が母にそう言うのを、あなたは何度も聞いたことがあります。お辞儀をしながら「踊ってくれませんか」と言う父の姿は、あなたにとって最も好きな思い出のひとつでした。思い出の中では、父は食卓の椅子から母を持ち上げ、リビングルームに滑り込むように連れていくのです。

爆発するエネルギーの中、母親はベッドの真ん中に正座したあと、腰をあげて膝で体重をささえました。

「置き去りにされたって、私すごく怒っていたのよ。お母さん、彼に言ってあげて。私がどんなに怒っていたかを」。母親の声は若々しく、興奮しています。

祖母と父の光体が、彼女の手をにぎるために手を伸ばしました。2人の手を取ろうと母が立ち上がったとき、弱った体から出るキラキラした光は、部屋を溢れんばかりに満たしました。

「お母さん、立っちゃだめ！」とあなたは叱り、彼女が怪我をするのを止めるために手を伸ばしました。母親から発せられる光は、深いピンクがかった紫色に変化しています。寂しさを解放するため来てくれた人たちと合流するために前に進んだとき、彼女の肉体は後ろ向きにベットに倒れました。若々しく、生き生きとした母は、再びあなたの父親の隣に立っています。昔と同じように。

一瞬の閃光に目がくらむと、前触れもなく部屋のすべてが変化しました。

祖母はもういません。あなたの父と母は、祭壇の前に立っています。母親はあなたの心にそっと語りかけます。

「あの人たちが話していたときがきたのです。これが啓示です。あなたは人類に聖霊が降臨したことの証人なのです。歓びなさい、今日が私たちの主の日です。主はこの日、あなたと共におられるのよ」

自分はちゃんとしているのかどうか、ずっと考えてきました。十分に与えているのか、十分に行動しているかと。承認されたくて所属を求めた。承認されれば自分に心地よくいられるから……。

許可を得るために相手の期待に沿おうとしてきたこれまでのすべての年月の積み重ねが、あなたの中で泣き叫び、母の言葉をうまく聞くことができません。

苦しさで体が震え出しました。パニックです！

ベッドの端の置き去りにされた母の体の横に座り、あなたは、「私は自分の人生で何をしたのだろう」と問いかけます。前に立っている人たちを無視しながら。

茫然とした気持ち。自分がどういう状態なのかもよくわかりません。

「ベッドがめちゃくちゃだわ。ちゃんとしなくちゃ」

あなたは母親の生命が消えた体を引っ張ります。彼女は行ってしまったのです。電話に向かおうと急いでから、立ち止まります。緊急の疑問が頭の奥底で泡のように膨らみ、あなたの意識の表面をつき破ってすぐに出てくるのです。

「いったいこれまでの意味ってなんだったのかしら？　なんで私は生まれてきたの？」あなたは、苦労して母の体を枕のほうに引き上げながら、自分自身に問いかけます。ベッドを整えて、枕を母の好きなように置きました。彼女の最後の休息所……。あなたは、母親が肉体の苦痛から解放されたことを知って、その動かない表情にむかって微笑みます。

その日の残りの時間は、自分を省みる時間に費やしました。これまで地上で過ごしてきた年月をチェックするのです。ひとつひとつ、すべての詳細を見て意図を確認し、やり残したことを整えてバランスをとります。このプロセスは止めることができない、いや止めてはいけない……永遠に続くかのようです。

あなたは、人生のヴィジョンの意味がだんだんわかり始めます。姉はいつも「あなたのほうが親のお気に入りだ」と思っていたし、子供たちは、あなたがはらった犠牲に対して、十分な感謝を決してしてくれない。前の夫は、あなたの献身を裏切りました。でも、そのすべては、自身の内なる強さを試すためにあったのです。

自分の感情をちゃんと保ちながら、許すこと。

あなたを認めようとしない人へのジャッジを手放すこと。それがポイントでした。

すべての言葉と行為の中に、正しさを見出すこと。イエスがそうしたように。

非難もせず、罪悪感もなく。

「頬を打たれたら、もう一方の頬を差し出しなさい。誰かがあなたの上着を盗んだら、マントを与えなさい。あなたの敵を愛しなさい。私があなた方を愛したように、互いに愛し合いなさい」

その瞬間に静けさが染み込んでいきます。

大声で力強く、あなたは宣言します。

「これは試練だったのよ。人生は忍耐という試練なんだわ！」

過去の瞬間たちが無心に飛び交い、ぶつかり合います。この瞬間まであなたを導いてきたすべてのターニングポイントの出来事が、自分を検証し続けているあなたの目の前で、すぐにリアルに現れます。

ここ数年の果てしない鬱《うつ》に代わって、目的意識が生まれてきます。

葛藤につぐ葛藤が次々と解決されていくのは、爽快であると同時に疲れます。

苦しみの重荷からの解放

そして、啓示はあなたを裏返しにし、内側から満たしていきます。

「私は良い人だった！」とあなたは宣言します。あなたの口から光が流れ出し、天国の輝きで部屋を満たします。

「私はいつもほかの人のニーズを考えて行動してきた。調和を保つために、自分よりも人のことを先に考えてきたわ。私は善良な人たちから、主を畏《おそ》れ、戒律を守るように教えられてきたの」

あなたの顔と胸から絶え間なく溢れ出る黄金のエネルギーは、すでに部屋中にこぼれ落ちている色彩に輝きを加えています。


「私は人との約束を守るために最善を尽くしてきた。それは私の信頼の絆で、決して失望させられることはなかったわ。そして、人が自分の言葉を私ほど尊重できなかったり、神の言葉に忠実に従えなかったりしても、私はすべてを心から許したの。良い模範を示したのよ」


輝きが突然、霧のような光に変わります。

再び、セルフジャッジがお腹のあたりの組織を摑み、けいれんが始まります。

痛みが倍になったようです。疲労の波があなたをベッドに沈ませます。

無意識の眠りが襲ってきます。休息。非常に短時間にあまりにも多くのことが起きました。人生のすべてが、とても短い、わずかな時間に。無意識の休息。夢……。悩み、歓び、夢の中の夢。

そして、まるで天使にキスをされたかのように、あなたは目を覚まします。光はさらに明るくなっています。そんなことが可能であればですが。すぐに母親の様子を見に行き、前日のことを思い出します。

「いや、ちょっと待って！　今日は何日？」。ナイトテーブルの時計は、18日の午前8時30分を示しています。昼と夜、一日がすぎたということです。こんなことが始まってから、何日も何日も経ったような気がします。

「お母さんのこと電話しなくっちゃ。ウィリアムズ牧師なら、どうすればいいかわかっているはずだわ。父が亡くなったときも、彼はちゃんとしてくれたもの」

呼び出し音が何度も鳴り、あきらめて電話を切ろうとしたそのとき、牧師のとても疲れた声が聞こえてきました。とても弱々しい「もしもし」という声が。

牧師の考えや気持ちはまったくまとまりがないようです。そして、あなたは瞬時に、彼のことを自分がどれだけ知っているのかに驚きます。こんな感覚は初めてです。

彼の心が完全にわかるのです。

彼のハートを感じます。あなたのスピリチュアルな人生を長い間導いてきたこの人物のことが、クリスタルのように明確に、はっきりとわかるのです。

長年のつき合いでも、これほど多くを知っていると思ったことはありません。

彼はあなたが「混乱を静めてくれる何かを持っているのではないか」と期待しています。何か引っ張られるような感覚を感じるのです。

彼の言葉にならない質問に、あなたは明晰で力強い声で答えています。

「牧師さま、これはキリスト再臨です！　ご存じでしょう？　主のときが来たのです。あなたが最近よくお話しされていたじゃありませんか。聖霊です。慰めの主です！」。

あなたは彼の中に震えが走るのを感じます。「火による洗礼です」

「どうしてそんなことが言えるんだ？」。いつもは優しくて安心できる声が、不信感と怒りに満ちています。

「電話がひっきりなしにかかってくる。みんな私の言葉を理解しないんだ」。母親を求めるような質感の声があなたの気持ちを引っ張ります。

「彼女がいなくなったんだ。出て行った。私の妻だよ。どこにもいないんだ。家中を探したんだが、どこにもいない。

彼女はここにいたんだ。でも、この光の中でいなくなってしまった。妻と友達だっただろう？　妻からの電話はなかったか？」。

一瞬言葉がとまります。「もしもし、もしもし」

何と言えばいいんだろう。何を言ってもどうにもならない。

「さようなら、牧師さま」。あなたは受話器をそっと置きました。懇願する牧師の思考をさまたげないように。

もう何もなすべきことはありません。すべて終わったのです。あなたは、母が父と一緒になったテーブルの上の壁をじっと見つめます。お母さんのために喜ぶ気持ちと、孤独な自分自身への哀しみ。涙が溢れ、自分も一緒に行けたらよかったのにと思いました。

すると、新たな閃光があなたの目を奪います。

「重荷を降ろしなさい。私に心を捧げてください。これが私の約束です。今日から、あなたは私と共にいるのです」

父と母が姿を消した祭壇の前に、美しい姿が立っています。虹のような色彩が、彼の存在の隅々、すべてから輝きだしています。

あなたは「イエスさま！」と叫び、周りを見回しながら確認します。この瞬間、あなただけが彼と一緒にいるのです。どきどき、ワクワクするような気持ちが内側に膨らんできます。

彼はあなたと共にいるのです。誰とも分かち合う必要はありません。神経質な笑いが、あなたの唇の封印を解きます。

「あなたなのですね！」。この上ない歓びがあなたを包みます。

心にはいっさい疑いはありません。彼です！

「これは再臨ですよね？　あなたは信仰深い人々のためにここにおられます。私は何をすればいいのでしょう……誰がみんなの面倒を見るの……？」

子供のような歓びが、あなたの体の毛穴の隅々まで満たします。まるで故郷に帰ってきたかのような気分です。

「〝イン・ザ・ガーデン〟という歌が好きなんです。歌うたびに胸がいっぱいになります。子供のころ初めて聞いたとき、またあなたと一緒になれると思っていました。ずっと私の手を握っていてくださってありがとうございます。私にはあなたが必要でした。私は天国にはいることができますか？　私は大丈夫でしょうか？」

「あなたは信仰によって私のもとに来た」。とイエスは歓びの声で教えます。

「あなたの信仰によって」

その瞬間、あなたの肉体は鮮やかな黄金の輝きを放ちます。

振り返ると、ベッドに置き去りにされた母親の体にも同じことが起こっています。２人はベッドから起き上がり、イエスのほうへ上昇していくのです。あなたは幼いころからずっと、これを夢見ていました。

あなたは振り返りました。ベッドの上には２人の遺体があるだろうと期待して。ところが違いました。体は……あなたは、山の頂上のイエスのように、変容したのです。

地球はあなたのはるか後ろにあります。上昇するにつれて遠い記憶となっていきます。すばらしく美しい音があなたの耳を満たします。今までに聴いたすべての聖歌隊が、歓びの中で祝福の歌を一緒に歌っているような感覚です。

光の中から、翼と、柔らかく流れるガウンのイメージが現れます。何百も。いや、数千もの天使の軍団が、壮大な星に向かって、大きなアーチを描きながららせん状に上昇しているのです。

あなたもまたその一人です。自らの翼の力が、あなたの叡智に歓びを与えます。

共に奉仕してきたほかの人たちのところに向かい、まっすぐ上に向かって進んでいきます。地球から離れ、高く昇れば昇るほど、あなたはより拡大していきます。あなたには、ゆとりがたっぷりとあります。そして、そこには安らぎがあります。すべてのものとの、はかり知れないつながり。マインドの中の深い安らぎ。永遠に続く歓び。十分であろうとする、生涯にわたる苦しみの重荷から解放された永遠の休息。

例3：最初の2日間

The First Two Days – Example #3

ジェットコースターのような感情と混乱

朝の7時15分頃、あなたは前夜のタバコとビールを振り払おうとキッチンに立っています。リビングルームを通り過ぎながらテレビのリモコンに手を伸ばし、いつもの通り、ローカルニュースをつけました。

ごちゃごちゃのシンクのカウンターをかき分けるように、コーヒーデカンタを探します。そこには昨日のコーヒーがたっぷり入っています。まだ飲めるはずだと思い、カップに注いで電子レンジで30秒加熱しました。

向こうの部屋から聞こえてくるテレビは、前日の人類の犠牲者数を伝えています。

あなたはカップにコーヒーを入れすぎました。１日前の真っ黒な液体は沸騰しています。くそ！　熱すぎる。


今日もまた、約束されている楽園が少しもやってくる気配のない一日が始まります。

「まったく」とあなたはつぶやきながら、痩せこけた猫をカウンターから床に放り投げます。猫は抗議の声を上げ、ペット用のドアを抜けて外に避難しました。

トースターは、部屋のどこかからの光を反射しているようです。あなたはカウンターを横切り、まぶしさを避けるように移動します。が、その光は、今立っている場所のほうがさらに強くなっているようです。

「うーん、どうも変だぞ」。あらゆる方向を同時にチェックするように、くるっと回転します。

「この光はいったいどこから来ているんだろう」とあなたは声に出して言い、謎にすぐ腹がたってきました。

葡萄ジャムの瓶を取るために見わたすと、トースターに反射している光が、どういうわけか部屋中に跳ね返っていることに突然気づきます。すべてが光っているのです。

「な、なんだ、これは……」とあなたはつぶやきます。

「おーい!」。あなたは家の奥に向かって叫びます。

あなたが部屋の角を曲がると、妻はまるで幽霊を見たかのように、廊下を後ずさりしながら、あなたから遠ざかっていきます。彼女の体を包んでいる赤、オレンジ、黄色と幾重にも重なっている光とともに。

下を向くと、自分にも同じような現象が起きていることに気づきました。

「何てこと!」と彼女は叫びます。「私たちに何が起こっているの?」

「わからないよ、ベイビー」

突然、彼女が自分にしがみつく感覚が気に入っていたことを思い出します。昔が蘇ったようです。セクシュアルな感覚が押し寄せ下腹部の筋肉を締めつけます。

「伝道師の番号を調べるから、ここに座れ」。光り輝く広告の塊を触りたくないあなたは、手探りでイエローページをめくっていきます。あせって押した電話のダイヤルパッドから響くタッチトーンが、頭の奥底を引っ掻きます。話し中。リダイヤルを押します。リダイヤルを7回押したところで、数えるのをやめました。

「誰もいやしない」。あなたはうんざりしてそう言います。

「あの口が達者なクソ野郎が必要なときなのに、どこにもいやしない。子供たちに電話して、どんな状態か聞いてみるよ」

「いったいどうしちゃったの、ジョン？　何が起きてるの？」。妻の体は完全に赤い光に包まれています。彼女は両腕を広げ自分の手を調べながら「ジョン、私、夢を見ているの？」。目は答えを必死で捜し求めているのです。

「手は赤いけれど、熱くないわ。なんでこんなことになってるの？」

「一体全体、何がどうなってるんだかわからない。たぶんあのバカどもが大気を台無しにしたんだろう。誰が何をしでかしたのかわかるわけがない。あのクソ企業のバカどもが！」

電話の向こうから、声が聞こえてきました。

「ヘイ！　こっちからかけようと思ってたとこよ」。あなたの娘の早口で楽しそうな声が聞こえます。

「ねえパパ、見える？」。彼女は興奮気味に尋ねました。

「ああ、見えるさ。お前のバカ亭主は一体どこにいるんだ？　どうして電話に出ないんだ？」

「私たち出かけるの」と彼女は急に疲れた声で答えました。

「トレーラーは走らないから、彼は裏から車を回してくるところよ」

「一体誰の考えだ？」。あなたの体を包む光が極端に赤くなり、娘の家の方向に投影されているようです。「これが何かはわからない。爆弾か何かの爆発雲かもしれない。あのやろうどもめ。俺がそっちに着くまで家の中にいろよ」

「私たちはもう出かけるの。だから来てもいいないわ」

「ジョン、私はベッドに戻るわ。もう耐えられない」。妻は、あなたの手から受話器をひったくり、「パパの言うことを聞いて、忌まわしいトレーラーハウスから出るんじゃないわよ！」と叫び、返事を待たずにテーブルに叩きつけました。

受話器が床に落ちます。

「2人ともベッドに入ろう」。あなたはできるだけ安心させるような声で妻に言いました。下半身に性的な感覚がわき起こります。彼女の腕を取り、寝室へとそっと連れて行きます。この忌々しい光が、彼女の気分を台無しにしないようにと願いながら。

部屋の隅に積まれた服、窓際に吊るされた枯れかかった植物、ナイトテーブルに積まれた雑誌、すべてが輝く光の中に浸っています。

「なあ、ミス・ジュリーのかわいいお尻も、おまえのと同じくらい明るく光ってるかなあ」。あなたは雑誌の最新号を手に取ろうと腰をかがめながら、愛する人に向かってそうつぶやきました。

「最低ね！」と妻は怒ります。「ここが燃えているっていうのに、若い淫乱女のお尻ばかり見ているんだから」

その口調から、体へ手を伸ばさないほうが良いことがわかります。

「自分の写真にヨダレを垂らしているのがあなただと知ったら、彼女はきっと喜ぶわ」。妻は目を閉じ、顎を固く締めて背中を向けながらジャブを打ちます。

あなたは彼女がすべての開口部を閉じていることを想像します。「今どこにも挿入していないぜ」。息をひそめてそっとつぶやきました。これを聞いて、相手が怒るといいなど思いながら。妻自身も自分が怒っているときのセックスが気に入っています。そんなとき、彼女は荒々しく制御不能な目つきになるのです。

あなたは半分寝返りをうち、分厚い体は、彼女の放つ不安に満ちた赤い光の塊に背を向けました。うとうとと眠くなります。

散らばった思考の中で朦朧《もうろう》としていると、穏やかな静けさがあなたを襲います。穏やかさ。こんなに穏やかな気持ちになることはめったにありません。

半分開いた目をとおして、カーテンの裂け目から降り注ぐ陽の光が垣間見えます。光は虹の色彩を放ちながら、部屋を横切って、壁まで届いています。見慣れない美しさと不思議な感覚に包まれながら、あなたはその輝きを際限なく見つめ続けています。歓びや美しさ、畏敬の念を自分の人生から遠ざけてきたという辛い現実が、心臓を圧迫し、空っぽのお腹に痛みを送り込みます。

慣れたやり方で、その傷ついた不要な感情を脇におしやると、混乱の突風が心の中にわき上がります。穏やかさはパニックに変わります。パニックがあなたの体を摑んだ途端、すぐに穏やかさへと変化します。その次は穏やかさからパニックです。

笑い声が部屋の静寂を破り、ジェットコースターのような感情があなたの中で叫び声を上げます。体中が汗だらけです。不潔な体の臭いが、あなたを目覚めさせます。

時計に目をやると7時46分。これから始まる一日、職場で怠けている奴らの姿が頭に浮かびます。突然、あなたは疲れを感じます。睡魔と戦おうとするけれど、ここ数カ月、いや数年間の苦闘の夢の中に連れて行かれてしまいます。

時間がどんどん過ぎていくのは感じるけれど、目を覚ますことができません。まるで、自分の置かれた状況の不確実さから逃れ、心の奥底の小さな場所に沈んでいくような感覚です。すべてが遠くに、遠くに感じられます。

過去の恨みがわき上がる

別の部屋で電話が鳴ります。あなたは、それが自分の娘からであることがすぐにわかります。彼女は泣いています。心の中にいる娘があなたに語りかけ、助けてと懇願しているかのようです。半分夢、半分現実の中で格闘しながら、あなたは重い体をなんとか運んで、床からわき上がる混乱する光の中を、玄関の電話機までたどり着きました。

「うちに来てくれるんじゃなかったの？　パパが電話に出ないから。私……ちょっと怖くなって」。娘の声は小さな女の子のようです。

「くそ、何をしたんだ……あいつを蹴り上げて……」。そこであなたはしゃべるのを止めました。娘が次に続く言葉をハートでわかっていると知ったからです。彼女の夫を脅かし続けようと決めたとき、意地悪の小さな感情があなたを引き裂きます。

「パパ、トムがソファで気を失っちゃったの。ひどい言葉をぶつぶつ呟き続けて。起こそうとしたら私を殴るの。何が起きてるの？」

あなたは、娘の夫と自分がお互い似ていることに気づきました。あなたが自分を嫌いなのと同じように、娘の夫が嫌いなのです。

「ベイビー、パパはちょっとおかしくなってるんだ。お前の母親はベッドで気絶している。俺も仕事に行くはずだったのに。クソッ！　これで追い出されるかもしれん。ボスが俺をクビにしようとしてるのは知ってるだろ」。あなたの胸で怒りが爆発します。

「どいつもこいつもろくでなしだ！」。空いているほうの手は、胸からわき出る痛みを摑みます。

「パパ、怒らないで。リラックスして、パパ」と、娘は懇願します。

突然、落ち着いた穏やかさが訪れます。

「これが何を意味するのかわからない。何かを考えるたびに、頭の中で映画のように再生されるんだ」。頭頂部に最近広がったハゲたところを手でなでると、ひんやりとします。自分の父親を思い出して、涙をこらえます。

「トレーラーは本当に明るいのか？」

「全部が光ってるの」。少し間をおいて、「私は大丈夫だと思う。痛みも何もないし。ただ、トムが目を覚まさないの。車が動かないことにトムは本当に怒って……。動くものみんなに物を投げつけ始めて、それから階段で気を失ったの。すごく変だった。彼を家の中のソファまで引きずり込んだんだけど」と心配そうに話します。「酔っ払ってるみたいだった。でも、ほんとに飲んでなかったのよ」

間が空いたことで、空気が澄んだような気がします。突然、あなたは気づきます。この10分ほどの間、話すたびに、灰色の輝く蜘蛛の巣のような糸が顔のすぐ前の空間に垂れ下がることを。

「やめろ！」とあなたは大声で叫びます。「俺を包みこもうとしているようだ……首を絞めようとしているが、俺の見えない部分がそれを抑えているんだ」。あなたはまた、ハゲたところをこすっています。「ちきしょう、蜘蛛の巣が締めつけてくるのを感じる」

「パパ！」。娘が叫びます。「やめてよ！　トムみたいなこと言わないで」

「え?」電話が手に重く感じます。「ちょっと気になったんだ。話すときに、気がつかないか?　まるで……」

「大丈夫」。彼女の声は急に穏やかになりました。「ママは大丈夫なの?」

「ママはベッドの中で光になって気絶してる」。蜘蛛の巣を驚かせて追い払おうと大声を出します。「おまえのママは、悪い知らせをうまく処理するのを知ってるだろう」

「これは悪いことじゃないわ。たとえトムが気絶していても、これが何であれ、光っているのはなぜか嬉しい気がする!」

彼女の声は、あなたより豊かなようです。「私はハッピー……」

彼女を遮って、「おまえに何がわかる!」。あなたは叫びます。

自分の理解できないことで、娘が幸せを感じていることが気に入らないのです。

「中にいなさい。言うとおりにして、絶対家にいるんだぞ」。電話が壁にぶつかってバラバラになりました。

わけもなく、世界への怒りが湧いてきます。

「仕事なんかくそくらえ！　女どもはいつも俺の足を引っ張るんだ。ベッドのあいつも！」。あなたは妻と自分を隔てる壁越しに叫びます。

「クソ女め、いつも自分の思い通りにならないと気が済まない」

あなたは、恨みを投影することに疲れてきます。

「あいつは俺からすべてを奪い取る。俺は吸い取られてカラカラだ」。


子供の頃の悪い思い出が心に溢れて、あなたは椅子に戻ります。何もしていないのに父親に殴られた記憶。みんなに好かれたいと思った、特に父親に……。

でも、決して父を喜ばせることはできなかった。父親があなたを学校から遠ざけ、あなたが自分より優れた人間になりたがっていることを非難した。

学びたい。数学が好きだった。学校のピエロになったこと。なぜ学ぶのか、学んでも父親はそれを打ちのめし取り上げるだけ。

父親は、自分を恐れていたことに、あなたは気づきます。

突然、燃えるようなすべての感情が解放されるのを感じます。過去の恨みが純粋な光に消えていくのを見て、思考は穏やかになっていきます。ほっとした感覚、安堵感が体を満たしていきます。深い静けさ。

建物の裏に出たあなたの母親が、歩いて来た男にキスしている映像。彼の手が彼女の体に触れている。彼が母の大きな胸を露出するのを見ながら、あなたは自分自身を弄んでいます。母が入浴するのを見ていた記憶。母はあなたを捕まえて前に立たせ、自分がゆっくりと体を洗う間、そこにいさせられたこと。

矛盾した感情があなたを圧倒します。下半身が燃えています。あなたが病気になったとき、看病している彼女の映像が見えます。夕食を作りながら歌う彼女。母への愛を感じます。母を解放するとき、純粋なエネルギーがあなたの体を満たします。

再びけいれんが起きます。ホースで犬を殴った記憶。犬が死んだとき悲しかった。恥。自分の感情の混乱。非難。家出。雨の中の一人ぼっちの自分。寒い。暗い。

ちくしょう！　僕を探して欲しかった。自分を傷つけた彼らが憎い。

葛藤があなたの体を引き裂きます。

自分自身への憎しみが視界を覆い、倍増したお腹の痛みで、椅子の背もたれに倒れこんでしまいます。みんなを憎みながら大きくなった自分。気分が悪い。もっとわかっていたはずなのに、何もしなかったことを恥じて死にたい……。

夢がひとつ終わるたびに、さらに悪い夢が始まる。目が覚めない。夢の中で迷子になる。恥の中で自分を見失う。あなたは、罪を清めるため死を望みます。

そうだ、浄化のための罰。罪を焼きはらう炎。そうだ！　死だ！

銀色の蜘蛛の巣があなたの顔を飲み込み、肺からの空気を遮断します。今まで感じたことのない温かい感情が爆発して、輝く光に包まれながら、あなたは無意識の中へ落ちていきます。雷鳴のような轟音が頭の中を満たし、思考があらゆる方向へ爆発していく。体の中にあった深い痛みが、突然静まり返る。視界は相変わらず明るい。トンネル。

突然の静寂。かつてないほどの静けさ。

〜〜〜〜〜〜〜〜〜〜〜〜〜〜〜

繰り返しになりますが、最初の数日間、個人がどのように反応するかは、一人一人の「葛藤を手放そうとする意欲」によって決まります。

古代の預言者たちは、この時期を「裁きのとき」と呼び、すべてが「その人の現れた思考によって知られるようになる」と言いました。

今こそ、思考のひとつひとつが現実化するときです。

最初の3日間、完全に意識を保つことができれば、自己実現に到達し、すべての人を知ることができます。

隠されるものは何一つありません。

葛藤が唯一の障壁です。葛藤はストレスを生みます。

ストレスは病気をもたらします。病は死を現実化します。

忘れないでください。

私たちが病んでしまうのは、日常のありふれた選択に関わる葛藤ではありません。人生というゲームの勝者とみなされる人たちだけを尊ぶ世界での生き残りをかけて、自分の核なる信念に関して、長年にわたって妥協してきたという葛藤です。

これは「正しい」とか「間違っている」とかいう問題ではありません。勝つか負けるかです。

第7章

「光の12日間」を終えて、そしてアセンション（次元上昇）

After the Twelve Days of Light and Ascension

12日間を終えて
After the Twelve Days

意識を失った人にとって、現実に戻って最も混乱するのは、12日間に何が起こったのかについて合理的な説明がないことでしょう。

科学はこの12日間を、「太陽系が銀河系の中心である太陽の周りを旅する際に通過した、ある特殊なエネルギー場によってもたらされた集団幻覚」として説明しようとします。

西洋の宗教指導者たちは、聖書から引用できる適切な説明がなく、恥をかくことになるでしょう。

しかし、彼らはサタンのせいにする代わりに、地球に住むエイリアンの力に注意を向けようとします。聖職者たちが、プレアデスやオリオンの存在たちに責任を負わせるのを見るのは興味深いことです。

そうすることで、彼らは不注意にも、太陽系外から来たというプレアデス人の主張、つまり創世記に基づく創造論者の見解が役に立たないことを証明することになるのです。

ご想像の通り、啓示についてはさまざまな説が語られますが、ほとんどは、一般の人たちには聞き入れられないでしょう。基本、人々は知りたくないのです。ただ、狂気と混乱が起きる前と同じように、物事が進むことを望みます。

また、彼らが体験した視覚的な現象に関する情報が明らかに不足しているため、啓示について、短期間、たとえば1カ月ほど話題になるだけで終わることでしょう。

その後は、世界的なリーダーの突然の出現や、「新世界秩序」の確立に向けて急速に動き出すなど、より差し迫った出来事が報道されることになります。

一つの政府、一つの新しい宗教、一つの通貨制度へ向けての動きです。

実は、「光の12日間」のミステリーを効果的に説明できるのは、意識を完全に保っていた人以外にはいないのです。

ただ、その多くは科学界や宗教界の人間ではないので、彼らの説明は非公式なものになり、場合によっては妄想とさえ揶揄《やゆ》されることになります。

しかし、失踪した親族や友人はともかく、消えてしまった日々についての説明に飢えている人々を食い止めることは、相当難しいことでしょう。

12日間のエネルギーイベントから数日、数週間と時がたってゆき、人類の意識が新しいレベルの〝正常〟を求めるにつれて、非常に重要なことが起こります。

先に、完全に目覚めた人々の大多数は、深い思いやりと広大な愛を表現しているだろうということを述べましたが、完全に目覚めていながら、意識の低い人たちをコントロールする機会を摑む人たちもいるのです。

12日間のイベントの間、無意識の状態をもたらす唯一の条件は、深く抱えた内なる葛藤であることを忘れないでください。

これは改めて説明する必要があります。なぜなら、来るべきシフトを信じる人の多くは、完全に拡大した意識に移行することは、自動的に人への思いやりとエンパワーを表現することだと確信を持っています。

でも、そうではありません。

すべてのユニティサイクルにおいて、世界をそれ自体から救おうとする人たちがいて、目的を達成するために、他者を奴隷にしようとするのです。

完全に覚醒した12人
12 Fully Awakened People

12日間の間、そしてその後も、完全に意識を保ったままの12人の個人からなるグループがあり、彼らは一種の「収縮した状態」として観察されるポジションから活動します。アトレイシア（アトランティス）時代の、二元性からユニティへの移行期間中に転生していた存在たちです。

現在の人類意識は、前のシフトの人たちより相当発達が遅れています。

アトレイシアの文化は、ユニティサイクルで始まり、ユニティサイクルで終わる９つのサイクルがありました。思考に基づくテクノロジーと、ガイアのマインドに対する一般的な理解は、現在の私たちよりはるかに優れているように見えます。12人は、すべての人にとってよりよい世界をもたらすために、個人の運命をコントロールすることが重要であると宣言します。

そして「目覚めた者――The Awakened」の称号を要求するでしょう。

忘れないでください。**自分が何であるか、何をしているかということに葛藤がなければ、啓示の期間中、意識を失うことはないのです。**

目覚めたままでいることは、政治や宗教的信条、あるいは「全体」との関係において自分自身をどう見るかとは何の関係もありません。

彼ら完全に覚醒した12人は、真から「自分が世界の救世主である」と考えているので、「ほかの人たちの運命を支配したい」と思うことに何の葛藤もありません。

無意識になった人々のほとんどは、自分が「三層のマインドの存在」であることをあえて知ろうとはしません。彼らは新世界秩序とその指導者が、世界平和と協力の推進に献身していると見るでしょう。

国連とは異なり、この組織は第三世界の国々と効果的に協力し合い、生活のあらゆる分野で奇跡をもたらすことができると見なされるようになります。

こういった日常生活における進歩は、まだ目覚めていない人々に真の目的意識をもたらします。時には、貧困や欠乏による古代の憎悪を癒やします。お互いに享受し合える豊かさと繁栄は、古い紛争を解決する方法となるのです。

このグループの中で、より小さなリーダーが何人か選ばれて「5次元存在」の階層構造を確立します。その組織が、目覚めた者たちを信じる、新しい人々の活動を指揮することになるでしょう。

2032年の統一に先立ち、二元性の最終的な闘争が始まるのです。

目覚めた者は、一つのスピリチュアルな見解、一つの政府、一つの目標、すなわち個性化された創造的な自己表現の根絶というワンワールドのテーマを、ユニティサイクルの真の道と見なします。

新しいメシアの姿／2037年までに集合意識のバランスが取れる
The New Messiah Figure / Collective Consciousness will be Balanced by 2037

2027年に地球外存在が明らかになった後の5年間は猶予期間となり、人類の古い集合意識に残っている人たちのための調整期間になります。

新しい集合意識を形成するための二元性からユニティへのジャンプは、この双方の影響が重なり合う期間なしには、あまりにも大きな変化になってしまうでしょう。

啓示に関するアカシャの興味深い情報の一つは、現在、自主独立と慈愛の側に立っている多くの人々が、「目覚めた者」の仲間入りをすることが明らかにされている点です。

「目覚めた者」の一人は、強力なカリスマ的リーダーとして出現するでしょう。

彼は秘密のハイブリッドの人間です。

彼のヴィジョンは、すべての生命がバランスの取れた秩序の中でお互いに関係し合う、ゆとりある統一された世界を創造することです。これは、より大いなる叡智を持つ人々にとって非常に説得力があります。

ただ残念なことに、この指導者のヴィジョンをつくるために、人々に与えられる現実は、ヴィジョンそのものよりも、はるかに劣るものになるでしょう。

次に、彼の能力の問題があります。地球外生命体とのハイブリッド人間である彼は、10次元と11次元の意識から行動して、日常の問題を解決していきます。

それは誰よりも（宇宙的意識に目覚めている人々を含めて）、何光年も先に進んでいる存在のようです。

隣接する次元領域を移動する能力を持つ彼は、アバターのようなマスターに見えるでしょう。おもに彼の解決策は、すべて少しの努力で、すぐに結果が出るからです。

彼が「何者であるか」を判断する唯一の方法があります。

彼は、あなたが何をどのように思い描いているかにかかわらず、あなたの目的のあるニーズが必要なときに満たされることを保証します。

そしてその代わりに、彼の宣告と命令に従うよう求めるのです。

とてもシンプルです。多くの人、特に何かを達成するためには苦しまなければならないとまだ信じている人たちにとって、非常に魅力的です。

彼は、「思考を現実化する能力を与える」と伝えることで、彼らの苦しみを終わらせます。ただ、彼の名によってそう命じるだけでよいのです。

イエスがその時代の苦しむ人々からメシアとみなされたように、彼もまた、これらの人々にとって世界の救世主とみなされるでしょう。自分自身のヴィジョンを持っていない人々からもまた、そう見られるようになるのです。

この新しいメシアの姿は、５次元、６次元、７次元の意識を示す人間、特に11次元、12次元の意識で活動している人間を容認しないでしょう。

彼らは、万人の平等な進歩に背く反乱分子の烙印《らくいん》を押されることになります。

こういった行動は、権力の唯一の表現者であろうとする人々にとって、目新しいことではありません。絶対的な力、生と死の力、それが彼の個人的なテーマです。サナンダ、ブッダ、イサ、クツミ、観音たちと並ぶ「永遠の存在」になることを求めているのです。

無実の人たちに罪を着せることは、歴史の上で繰り返されます。

無限の愛を示す光り輝く個人は、集合意識の望みからはずれた万人の道を裏切る者として、視界から排除されるでしょう。目覚めた者の、忠実な信奉者を混乱させないためにです。

柔和な人たち、思いやりと広大な愛から行動する人たちは、自分たちの運命を支配しようとする人たちとは戦いません。**何かと戦うこと、特に不純物の混じった信念と戦うことは、その存在を正当化し、力を与えることになると理解しているからです。**

受動的で非協力的な姿勢の結果、愛と思いやりの人々は孤立し、集められることになります。12日間の間に無意識だった人々の目には、彼らの終わりが差し迫っているかのように見えます。

しかし、これは終焉ではなく、完全な権限委譲なのです。

彼らの気づきと叡智のレベルでは、殺されることも、投獄されることもありません。

イエス・キリストの十字架と復活の例のような、より大きな目覚めのデモンストレーションを求めない限りは。

愛の人々は本質的に、この領域と隣接する領域内で、「光明」と「解放」のレベルを獲得したマスターなのです。


コントロールしようとする人たちにとって、そのような存在がどんな問題になるか想像できるでしょうか？　ヘロデがバプテスマのヨハネの、絶え間ない声に悩まされたように、「目覚めた者」は彼らに深く悩まされることになるでしょう。

「目覚めた者」の悩みは葛藤ではありません。「誰か、あるいは何かに賛成でなければ、完全に反対していることと同じ」という古代の概念であることを理解してください。

この観点から見れば、マスターたちの存在は、「目覚めた者」の救世主としてのヴィジョンにとって、大きな脅威になることは間違いないでしょう。

このマスターたちが皆走り回って、シフトの間に何が起こったのかを説明し、「誰もが自主独立した個人の、完全な主権を示すことができる」とデモンストレーションをすれば、一般の人々も結局、「目覚めた者」によって、自分自身から救われる必要はないと考えられるかもしれません。

これらの光明を得たマスターの存在と自主独立のメッセージにより、一般の人々も５次元意識へ、自発的に目覚め始めます。

彼らもまた、三層のマインドがつくる完全な現実を経験し始めるでしょう。やがてその数は、12人のグループや「目覚めた者」の存続を許さないほど、膨大になっていきます。

２０３７年までには、集合意識のバランスが取れます。

時間の終わり／新しい肉体

End of time / New body

「目覚めた者」のヴィジョンの一部は、争いのない世界でした。

新しいテクノロジーは、そのヴィジョンを実現します。人類を苦しめてきた遺伝子が原因の病気は、すべてなくなるでしょう。

最終的には、化石、原子力、太陽エネルギーのすべてが、常温核融合という形のフリーエネルギーに置き換えられていきます。

このときまでに、複合材料とセラミック材料が、すべての金属と重量プラスチックに取って代わります。同時にバイオメタル物質はどんな形にも「成長」する能力があるため、新しい建築材料になります。

「地球の重力から解放されたい」というニーズは、科学が無生物の調和共鳴に関する音響エネルギーの法則を再発見したときに克服されるでしょう。

製造工程における高密度の物質の基本的な原子構造は、所定のゲル状物質に変化して、望んだ形に容易に形成することができるようになります。

また重い物体は、基本的なハーモニクスを変化させることによって、移動することができます。地球を離れる機器は、イオンの階段を使って軌道に乗せられます。

このような技術の進歩の中で、**人類はついに完全なユニティのマインドに目覚めます。**

さらにいくつかの変化が起きます。一つのエキサイティングな変化は、現在知られている**時間の終わりです。言い換えれば、時間が存在しなくなるのです。**

かつて地球が平らだと考えられていたように、時間は人間の意識にとって制限や考慮すべき事項ではなくなります。

理論数学の登場以来、科学はいかにして光速を超えるかを熟考してきました。

私たちが突然変異を経て、ハイブリッドで思考ベースの物理的形態になれば、速度はもはや星間や銀河間の冒険の妨《さまた》げにはなりません。

私たちは、隣接する現実を、思考の速度で移動するようになります。

時間と速度の問題が解決すれば、科学は、1万7500年ほど前にアトレイシア（アトランティス）で行われたように、思考増幅器をつくることに目を向けるでしょう。

次の段階は、現在の私たちの感覚意識《スピリット》と肉体《ボディ》がそうであるように、意識《コンシャスネス》と同じ空間に共存できるエーテルプラズマ物質の形態の発明です。

現在の3次元、4次元の肉体は、原子をベースにした分子物質で構成され、時間の経過に対応しています。**エーテル物質の私たちの新しい体**は、固体、液体、気体の体が経験する限られた範囲ではなく、より大きな範囲の影響に反応するようになります。

新しい体は非常に伸縮性／弾力性があり、形態の触媒としての意識に大きな自由を与えます。私たちの現在の分子からなる体は、遺伝子の表現であるとともに、潜在意識の信念体系の投影でもあります。

これからの新しい形態は、意識レベルの意図の表現になっていきます。

すぐに体験できる違いは、私たちと物質との関係です。

例えば、隣の部屋に行こうと意図すると、まず空間が折りたたまれたように見え、そして展開すると移動できているというようにです。

念動力は、物質のテレポーテーションへと発展していきます。

すべてのコミュニケーションは、直感とテレパシーで行われます。

このように分子の塊の肉体から出て、人間の意識は、重層的な次元現実内や次元間を、ホログラフィックにシフトする体に宿ることができるようになります。

現在の私たちの肉体は、ある種の放射線を浴びると急速に退化しますが、「創造」の現場では、膨大な量の放射線が発生しているのです。

また、私たちの密度の濃い分子形態は、重力と戦わなくてはなりません。でも、次元現実の層を行き来するのは、ブラックホールの激しい重力との綱引きに比べれば、はるかに簡単です。新しい形態には、現在の肉体を支配している法則は適用されません。

最後のシフトへ向けて
Toward the last shift

もし、あなたが今読んだことがすべて真実だとしたら、どうでしょう?

もし、1万3000年ごとに私たちが自分自身を「新しくつくり直している」としたらどうでしょうか。ユニティから二元性へと交互に行き来しながら、新しい境界線と状況を完全に探索するために、以前の状態をすっかり忘れているとしたら?

もしこれが、過去の文明で何百万年もの間、起こってきたことだとしたら?

もしこれが、私たちが知っているような人類の意識に起こる最後のシフトだとしたら?

もし、あなたがここまで読んだすべてが真実ならば、私たちがプレイしてきたゲームは劇的に変化しようとしています。「光の12日間」の間、完全に意識を保っている人々にとって、次元を制限する境界線は溶けこもうとしています。あらゆる感情や思考の指令に応答する、無限の遊び場のような場所に向かって。

私たちは、自らの本質のもう一つの側面、ユニティを知ろうとしているのでしょうか。この１万３０００年の間に、二元性の微妙な層を数多く探求してきたことは確かです。いずれにせよ、二元性の檻の扉は大きく開かれようとしています。

多くの人が、ほかの星のシステムでの新しい冒険をしに地球を去り、ほかの人たちは、地球の移行と癒やしを見守るために留まるでしょう。

現在ここに転生してきたほかの星系からの「新しい探求者」たちは、ユニティ／二元性のスペクトルの一方の端から、もう一方の端へ移動するとき、分離と二元性の記憶を彼らのスピリットにきちんと刻み込みます。

地球次元での人類意識の、生きた歴史を保存するためです。

二元性の深い記憶はまた、**人間の意識が６７３２年に地球のシステムを去る**準備中に、より大いなるユニティに向かう狭き道をまっすぐ進む助けとなります。

来るべき大きなシフトの準備をしている人々にとっての良いニュースは、あなたが最後のシフトの前、レムリア／アトレイシア（アトランティス）時代に体験した魂のユニティの記憶は、以前のすべての二元期間に累積した葛藤を解放するためのインスピレーションになることです。

「5次元意識」へのジャンプは、個人がどれだけ学んだか、あるいは人生でどれだけうまくやったか、あるいはやらなかったかではありません。

大事な点なので改めて繰り返しますが、**ポイントは「葛藤を手放そうとする意欲」です。**葛藤は誰にとっても最後の関門です。

「感謝」が救いになります。

すばらしいことに、「光の12日間」の日々は、基本的な信念体系がどうであれ、誰にとっても同じように始まります。

誰も「始まりの瞬間」を見逃すことはありません。

意識を失う人は、12日間の間に変容します。彼らはシフト後、短い間、以前の態度を再現することはできます。そしてその後、すべての人がユニティの意識になります。

啓示を通してどのようなシナリオが展開されるとしても、すべてのアカシックリーダーは、来るべき出来事が、間違いなく**「大いなる浄化の瞬間」**であることに同意します。これは、ユダヤ教の聖書に記録されている預言者たちによって、新約聖書ではバプテスマのヨハネ、イエス、後には最愛のヨハネと言われた彼の「黙示録」のヴィジョンの中で、そして現代の予言者による著作で語られてきたことです。

もうひとつ、アカシックリーダーが同意していることがあります。それは、私たちが個人として、また集団としてこの時期をどのように迎えるかによって、私たちのスピリットの根本的な本性が、すべて明確に語られるということです。

アセンション（次元上昇）

The Ascension and the Rapture

また、わたしが見ていると、見よ、白い雲が現れて、人の子のような方がその雲の上に座っており、頭には金の冠をかぶり、手には鋭い鎌を持っておられた。すると、別の天使が神殿から出て来て、雲の上に座っておられるほうに向かって大声で叫んだ。「鎌を入れて、刈り取ってください。刈り入れの時が来ました。地上の穀物は実っています」

黙示録　14：14－15

啓示は魂ではなく、進化する人間のスピリットに起こります。

ノア／レム・ウーラ（レムリア）時代に、ガイアはアンドロメダ星系からサナンダを連れてきて、永遠の魂の高次元の意識を「キリスト意識」へと導きました。

それ以来、人間のスピリットとコラボした永遠の魂は、アカシャの中でキリスト種と呼ばれています。

またサナンダは、魂意識にレベルアップして、地球生まれの魂になる前の、人間のスピリットの最終の表現も紹介しました。

人間のスピリットが魂意識になるには、まず人間の形態をアセンション（次元上昇）させます。それからハーモニクスが適合する女性の子宮に新しい人間の形態、つまり肉体をつくります。その新しい体をアセンションさせると、地球生まれの魂になるのです。

啓示の３日目と４日目が過ぎた夜のどこかで、アセンションの第一波が起きることになるでしょう。完全に意識を保ち、アセンションが人類の感覚意識――スピリットの次のステップと思い描いている人々は、肉体を元の形、つまり純粋なエネルギーに戻します。これは、最終的な表現への準備なのです。

40年ほど前から、世界中の個人のグループがアセンションのプロセスを積極的に研究しています。**「体を光に戻す」という現代の考えは、約２０００年前に始まりました。**

アセンションは、多くの霊的な探究者にとって、イエスによって示された「永遠の命の約束」の中心であり続けています。良いニュースは、公衆の前で辱《はずか》められ、拷問され、十字架に釘ではり付けにされなくても、アセンションできることです。

集団のアセンションは、何百万年も前から起こっています。ライトボディを獲得するための研究は、栄養学、ヨガ、プラーナヤマから人生の観察方法まで、あらゆる新しい考え方を網羅しています。

多くの人にとって、アセンションの追求は、何百回もの転生にわたって続けられてきました。60年代、70年代、80年代には、グループ瞑想、マントラの詠唱、感情の解放ワークなどが、アセンションの技術を教える専門の宿泊型リトリートセンターで再び行われるようになりました。時には授業料は大変高額でしたが。

もっと良いニュースがあります。アセンションは二元性に支配された集合意識から抜け出し、三層の協働意識体である自分を完全に受け入れることを選択したときに、精妙《サトル》なボディの変化として始まります。

10次元、11次元、12次元意識の人たちは「光明」を達成しています。

彼らは啓示のときに、私たちがアセンションという選択を確実にできるように、アトレイシア（アトランティス）での転生以来、アセンションに関する知識を携えてきました。言い換えれば、**アセンションという考えは、集合意識の奥深くにしっかりと位置づけられているのです。**

このために、アセンションのテクニックというものは実は存在しません。

「アセンションする」という意図に集中するための「その瞬間に至る前」のテクニックがいくつかあります。

「光の12日間」のピークの間、完全に意識を保っている誰もが、自分がアセンションを選択するかどうかを、その瞬間に知ることになります。

キリスト意識の再臨

The Second Coming of Christ Consciousness

熱心なクリスチャンの多くは、「光の12日間」の最初の数時間後には教会にいるでしょう。

悪いニュースは、「世界で何が起きているのか」という深い疑問の答えを求める限り、ほとんど何の答えも得られず、一人で取り残されることです。

最も多く繰り返される言葉は、おきまりの「主の御業は謎なのです」あるいは「神の道は問うてはならない」というものでしょう。

神聖ではない似非《えせ》聖職者たち、特に怖いほど熱心な信仰を持つ人たちからお金を巻き上げて自分たちの経済の記念碑を建てるような人々は、神の言葉などほとんど知らないに等しいのです。もちろん、人生のさまざまな問題を理解しようと聖句を引用するとき以外は。

このような宗教指導者たちは、自分の態度が間違っていることを知っているので、「儲けるための救いの約束」について深く葛藤しています。

良いニュースは、彼らに従ってきた人々は葛藤に苦しむことはないということです。むしろ携挙《ラプチャー》――キリストの再臨のときに、アセンションしたいと思う自分に気づくでしょう。

アセンションを公に示したのは、ナザレのイエス、イェシュア・ベン・ヨセフだけです。イエスの真の教えを献身的に信じてきた人たちは、長い間愛してきた師と直接対面することになります。彼らの驚きははかりしれません。

結論
Conclusion

キリスト教の主流派から外れた真の神秘主義者たちは、来るべき出来事を認識しています。彼らは信者たちの準備を促すように、終わりのとき、啓示についての情報を提示してきました。

内なる葛藤の大部分を解放した教師や世俗の牧師たちのネットワークは、最初の啓示のしるしが始まるとすぐに、ハイギアにシフトします。

彼らにとって、これは『ヨハネの黙示録』で預言された火の洗礼であり、あらゆる場所、あらゆる物から輝くエネルギーが放たれるという現象です。

ほかの主な世界の宗教は、「光の12日間」の出来事を、「古代の預言の約束がついに成就されたもの」として経験することになります。

そういった宗教の深い核となる神秘的修行を実践してきた人たちは、「光明」を獲得した存在として、彼らの感覚意識はより高い次元へと移動していくでしょう。

フェンスの上に座って、信仰の概念に口先だけで参加している人々は、啓示の期間中、無意識になることが保証される十分な葛藤を体験するでしょう。

興味深いのは、狂信的な人々は葛藤がないため、12日間のイベントの非常に直接的な経験をします。啓示が終わったあとも、得られたすべての知識を保持できるでしょう。

宗教の教義を狂信的に信じていた人の多くは、「目覚めた者」に従うようになります。

キリスト教の中心的なメッセージは「赦《ゆる》し」です。イエスは辱めを受け鞭打たれたとき、その後ゴルゴタに十字架を運ぶときにも、自分に向けられたエネルギーを利用しました。

十字架に磔《はりつけ》にされながら、イエスはこう言いました。

「父よ、彼らをお赦しください。彼らは自分が何をしているのかわからないのです」

多くの人々が、赦しについて混乱したままです。

他人との関係であれ、自分自身との関係であれ、**人間関係のほとんどにおいて、「赦し」は自分から始まります。**

自分の過去の失敗について育《はぐく》んできた、しつこい「内なるジャッジ」を手放すことができたとき、あなたは、他者に抱いている恨みを、手放し始めることができます。

人を赦すとき、相手への敵意を持ち続けることに使ってきたエネルギーを、取り戻す

ことができるのです。そのエネルギーは、クリエイティブエネルギー、あなたのヴィジョンを実現する力です。

他者を赦すということは、その人の行動を容認しているわけでも、その行いに対する感情の境界線を取り払っているわけでもないことを知っておくことが大切です。単に、彼らを罰しなければという必要性を捨てるだけなのです。

大いなる叡智において、エネルギーは単にエネルギーです。私たちがエネルギーに対して、良いとか悪いとか、ポジティブ・ネガティブというレッテルを貼りつけているのです。

エネルギーをユニティからではなく、二元性から判断しているからです。

内なる葛藤を解放し、ジャッジを捨てて、「観察すること」を優先しましょう。正しくなければならないという必要性を手放すなら、あなたの人生の細部まで、すべてがうまくいくでしょう。

巻末資料

REVELATION: Notes Section

「太陽系外の存在」たち——オフ・ワールド

Off-world Beings

ほかの星系や銀河からの存在を表すアカシックシンボルは、私たちの太陽系生まれではない感覚を備えた、次元的・非次元的な存在を示しています。

彼らは「太陽系外存在《オフワールド》」と解釈されます。

太陽系全体が私たちの世界であり、「エイリアン（宇宙人）」という言葉は、別の世界から来た存在を表すのによく使われます。

用語としてのエイリアンは、基本、今存在している環境とは異質な存在や物を意味するので、太陽系の外から来た存在は、エイリアンと呼べるかもしれません。

私たちの世界にある惑星や月は、球体《スフィア》と呼ばれます。それぞれの球体はいくつかの次元を持ち（地球の次元は7つ）、基本の周波数は、原子構造または地球次元のマルチ物質です。

この太陽系内のマルデックや火星といった地球圏の、異なる球体に起源を持つ存在は、「地球外生命体」と呼ぶことができます。

彼らは私たち太陽系世界にとって、異質な存在ではありません。

三層からなる存在――三層が協働するマインド
Three-fold Beings; Three-fold Collaborative Mind

すでに述べていますが、私たち人間は、一体となって表現している3つの別々の存在です。

一つは遺伝的に派生した哺乳類の地球人としての物理的な**肉体**。ボディは「祖先の記憶」と「本能的な知性」を備えています。

肉体のさらなる発達は、私たちのエーテル体《フォーム》である**スピリット**にガイドされます。スピリットは、戦略パターンと直感的知性が動かす進化するエネルギーフィールドです。

肉体と人間のスピリットは、ガイアのマインドの中に具現化した存在です。

そして私たちには、創造主のマインドの粒子である、永遠不変の**魂**があります。

この3つの側面のコラボレーションが、私たちのマインドです。

「腹の脳」は潜在意識の座、「心臓《ハート》の脳」は顕在意識の座であり、「頭蓋の脳」は私たちの超意識の座です。

肉体——ボディ、霊——スピリット、魂——ソウルの3つの層。この3つがコラボしている私たちは「三層の存在」です。

人工の月
Artificial Moon

現代科学は私たちの月について説明することができません。月がどのように形成されたかを説明することは、ほぼ不可能です。太陽系で唯一、地球から説明のつかない距離にあり、ほぼ完全な円軌道を描いています。

「月が地球の重力に捕獲された」と仮定する人もいますが、月の大きさを考えると、不可能です。地球の4分の1の大きさがありながら、重さは地球の1パーセントしかありません。

以下は月がどのように形成されたかについての説です。

●降着説――(訳注:粒子が集まり、それぞれが形成されたという説)

地球と月は特徴が違います。地球は鉄の核を持ち、軸を中心として自転しています。

●分裂説――(訳注:太平洋の岩石がスピンオフして月が形成されたという説)

月の岩石は海底の岩石より、はるかに古いものです。

●ジャイアントインパクト説――(訳注:巨大天体が地球に激突し、地球の一部とその天体で月が形成された説)

地球では、新しい岩石が表面に、古い層がその下にあります。月では、土や表面の岩石は古く、その下に若い地層があります。

月は、衛星というより惑星のようなものです。太陽系のほかの惑星には、本体の惑星と比較して、これほど大きな衛星を持つ星はありません。

一般の衛星や惑星は、中心に向かって密度が高くなり、表面はより軽い物質です。しかし、地球の月はその逆で、表面がより密度が高く、中心部はより軽い物質でできています。

●月の表面には、数十億年にわたる小惑星やスペースデブリの衝突でできた、大小のクレーターが点在しています。
●クレーター周辺の岩石は、年代が均一です。本来は異なる年代のはず。
●月の塵の化学組成は、周囲の岩石と異なっています。
●月のクレーターは、どんなに広くても、深さはほぼ同じです。
●月には磁場がありません。でも月の岩石サンプルは、強く磁化されています。
●地球の岩石は、約46億年前のものです。もっと若いサンプルもあります。
●月の岩石の年代は、最も新しいものでも、太陽系の創世の頃までさかのぼります。
さらに古い岩石もあります。
●月が円形に近い軌道を描いていなければ、地球は地軸を中心にぐらつくでしょう。

●月で発見された元素には、次のようなものがあります。チタン、クロム、ジルコニウムなどのレアメタル。地球では希少ですが、月では豊富に存在します。

●ウラン236とネプツニウム237は、月面にしか存在しません。地球には自然には発生しない放射性元素であり、創成時のみ観察できます。

過去2回の月探査では、宇宙飛行士が地表に地震計を設置したあと、上昇モジュールを解放して、月面に衝撃振動を発生させました。月はほぼ3時間鳴り続けました。その振動は32キロの深さまで達したあと、さらに速くなり、60キロまで達しました。地球では、同じ衝撃波が鳴り響くのはわずか数分間で、深くなるにつれてスピードは遅くなります。

アフリカの最大の民族のひとつ古代ズールー族に、月のない空を描いたお話があります。ほかの古代文化、北米先住民族や初期のペルーの文化にも、同じような口承の言い伝えがあります。

隣接する領域（現実）

Adjacent Realms (Reality)

キリスト教の聖書に記されている多くの部屋は、ガイアが具現化したマインドにある時空の現実の「7つの領域（現実）」を指しています。

イエスは弟子たちにこう言われました。

「心を騒がせるな。神を信じなさい。そして、私をも信じなさい。私の父の家にはたくさんの部屋がある。もしなければ、あなたがたのために場所を用意しに行くと言ったであろうか。行ってあなたがたのために場所を用意したら、戻って来て、あなたがたを私のもとに迎える。こうして、私のいる所に、あなたがたもいることになる」

ヨハネによる福音書14：1－3

隣接する領域（現実）は、しばしば**「平行現実」**と呼ばれ、私たちの世界と同様、その次元で機能する「法則」を持った時空連続体に存在します。物理学では、時空は3次元の空間と1次元の時間を、一つの4次元多様体に統合した数学モデルです。

隣接する領域（現実）は、私たちの宇宙の中に存在し、多元宇宙モデルにおいて、そのリアリテイを持っていません。

私たち人間の各スピリットのタイムラインには、2つの核となるパラレル表現と、一つの主軸《プライマリー》のタイムラインの現実があります。

2つの平行自己は、まったく別の隣接領域（現実）で表現しているのではなく、あなたの人生が展開していくにつれ、ともにすぐそばに存在しているのです。

主軸のタイムラインと同じ変えられない出来事を共有し、主軸のあなたの選択と対応する結果が存在します。

隣接する領域（現実）には、一連の出来事／反応と、その結果を通じて動いているあなたのバージョンはありません。その領域を支配している物理法則は、ここでの表現を制限している法則と大きく異なります。

私たち人間のスピリットのタイムライン

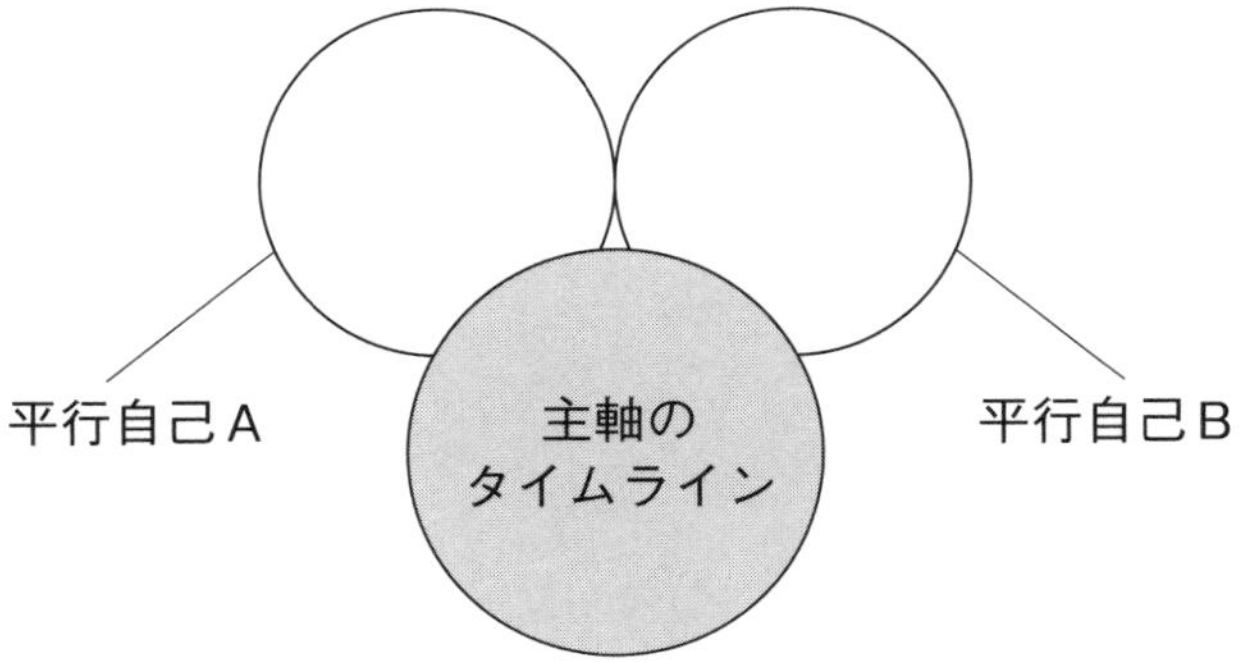

主軸のタイムラインと同じ
変えられない出来事を共有し、
主軸のあなたの選択と対応する結果が存在する

私たちは、永遠の魂のさまざまなレベルを通じて、隣接領域（現実）の周波数に接続されています。最もアクセスしやすい領域はアストラル界です。

エネルギーセンター

Energy Centers

イダ・ナディ　受動のチャネル

イダ・ナディとは「**快適なエネルギーチャネル**」という意味です。

精妙なボディの受動的、女性性、陰のエネルギー回路。スシュムナの左側にあり、ピンガーラのエネルギーと補完的です。

チャンドラ・ナディとしても知られるイダ・ナディは、第1チャクラのルート・チャクラから始まり、背骨の左側の背中に沿って進み、第6チャクラのアジュナ・チャクラ（第三の目）でピンガーラと交差しています。

イダにプラーナが注入されると、白色に見えることがあります。

古代の文化では、イダは月と関連付けられています。

ピンガーラ・ナディ　能動のチャネル

ピンガーラ・ナディ（スーリヤ・ナディ）は、**太陽に関連するチャネル**です。男性性、能動的、陽のエネルギー回路です。スシュムナ・ナディの右側に位置し、そのエネルギーはイダ・ナディのエネルギーを補完しています。

第1チャクラのルート・チャクラから始まり、らせんの右側を上昇し、第6チャクラのアジュナ・チャクラ（第三の目）でイダに合流します。

古代のマーキュリーの翼を持つ杖、カドゥケウスのイメージは、イダとピンガーラが各チャクラセンターの脊柱の周りで、どのように相互作用しているかを表しています。

大いなる叡智では、各チャクラのレベルでは2つの流れは互いに接触はしていません。また、アジュナ・チャクラ（第三の目）では交差せずそこで合流します。

スシュムナ・ナディ　中央のチャネル

スシュムナ・ナディは、背骨の中央を通る、**中立のエネルギーチャネル**です。第1チャクラのルート・チャクラから始まり、背骨の中央を通り、第7チャクラのクラウン・チャクラに至ります。

スシュムナは、人間という存在の両極である女性性と男性性を表す、イダとピンガーラの間の完璧なバランスを保つニュートラルな杖です。

私たちが「今」に集中するとき、イダとピンガーラのナディを統合し、両者を均等にスシュムナに流れる気（プラーナ）のエネルギーとブレンドすることができるのです。

月（女性性）と太陽（男性性）のバランスを取りながら、イダとピンガーラはスシュムナを通して、「目覚め」とクンダリーニ・シャクティの上昇を可能にします。

こうして、より高い意識へ到達できるのです。

愛の次元とレベル

Dimensions and Levels of Love

私たちは三位一体の存在であり、三層のマインドを持っているからこそ、魂はスピリットと体を通して、「大いなるものすべて――ALL THAT IS」との直接のつながりの表現である「純粋な歓び――ピュアジョイ」のエネルギーを放射しているのです。

葛藤しているとき、「人生をどれほど個人的に捉えているか」「自己憐憫をどれほど感じているか」の程度にしたがって、歓びの輝きは減少します。

そしてほとんどの人が皆、一般的な孤独感を感じています。

「自分が何者であるか」を承認してもらえないという感覚からです。

私たちはほとんどが、自分自身への愛が欠けていることを認めたくないがゆえに、他者から愛を求めます。

人と恋に落ちると、一般的な孤独感は一時的に中断されます。恋の相手が自分の愛への期待を満たしてくれる限りは。

恋に落ちた人と結婚のようなコミットした関係にある場合、その関係が２人の愛の期待をもう満たさなくなったとき、深い孤独感や自己嫌悪が大幅に誇張されます。

これが私たち人間の、愛の難問なのです。

愛の2つの次元
The Two Dimensions of Love

◎第1の次元　真の愛

私たちの魂エネルギーの純粋な輝きの放射は、個人化されることもなく期待もなく、この次元に入ってきます。人間のスピリットと肉体に対する魂の愛は無限です。

そしてその愛は、人間として生きるために必要不可欠なのです。

無限の愛の次元は、ほとんどの人間の魂のエーテル体《フォーム》に、しっかりと保持されています。内なる葛藤、ジャッジ、偏見あるいは期待を持たず、投影と反射を解放したときにのみ、私たちはそれを直接体験することができます。

そのような人のオーラの核となる輝きは、肉体の細部をさえぎるほど明るいのです。すべての人間は、たとえ人として最悪の行動をとったとしても、魂が純粋な歓びとしての「真の愛」を放射できるような意識状態を実現しようとしています。

※ソウルグループを視覚化すると、グループのメンバーは、その核に同じ純粋な歓びのハーモニクスを持っていることがわかります。

つまり、グループの「集合的な真の愛」が中心にあるのです。

ソウルグループのメンバーに葛藤がなければ、そのハーモニクスはユニティフィールド、またはブッダフィールドと定義されます。

そこでは、すべての生命がへだたりなくサポートされ、集合の中で完全に認められます。これはユニティサイクルの間では、最も一般的な状態です。

◇第2の次元

愛のこの領域は、人間のスピリットと関わっています。魂と人間のスピリットは、エーテル体《フォーム》を通して互いにつながっています。

真の愛の次元は、魂のエーテル体に保持されているので、人間のスピリットは常に、魂の真の愛の次元にさらされ、その愛の状態を模倣しようとするのです。

人は、外見や態度が似ていて、ほぼ同じ感性を持っている他者とつながろうとします。

これは、自動的に仲間になれる方法なのです。仲間からは承認と受容の感覚が得られるからです。

愛のレベル

Levels of Love

ガイアの具現化した現実を探求するとき、魂意識は、スピリットの感覚意識をさまざまな「愛」の体験の中で動かしながら、展開される「反応パターン」を観察します。

愛には、本能的な愛から、奪う愛、愛する愛、赦す愛、育む愛、与える愛、叡智としての愛、無限の自己表現としての愛、存在としての愛、そして最終的に、**ガイアの純粋な意図そのものを体現する愛があります。**

この愛こそ、ユニバーサルマインドがこの次元に顕現したものです。

「愛」という言葉のもう一つの解釈は、「創造」におけるダイナミックな唯一の意志であり、意識を形づくっているものです。こう定義するなら、愛はすべての物質に浸透している「目に見えない実体だ」と言えるでしょう。

もう一つ別の解釈をするなら、愛は、私という存在の代理として活動するエージェントそのものです。

そして最後の定義は、愛は慰めの聖霊であるとされています。

アカシックレコードには、「愛は具現化した存在」として記録されています。

本能的な愛　特別な努力は必要なく、本能の愛は、単に「引き寄せの法則」にしたがっていくだけです。通常、集団を形成している人々は、この本能的な愛を経験することになります。ここで言う集団とは、家族、町、都市、地域、民族、国、世界、太陽系、銀河系、宇宙などです。

奪う愛　自己中心的で人を操作する力です。「何かを得るために、何かをしなければならない。また、正しくなければ愛されない」という幻想にとらわれたとき、私たちはこの奪う愛を覚えます。

これは、本能の愛を感じる集団から一歩外に出たときに経験する、無力感の根源です。私たちは、集団の中にいれば理解してもらえますが、集団の外では自分のことを説明しなければなりません。

愛する愛　自然に自分の心をとらえる、個人への愛に基づいています。「自分を愛するように、あなたの隣人を愛せよ」と、聖書に記されている愛です。

この愛は、受けとる側に善意と好意が伝わります。この愛こそ、最も一般に広く見出される愛の形であるにもかかわらず、完全に達成することは難しいのです。

赦す愛　「汝の敵を愛せよ」という言葉のように、この愛は信じ難いほどの寛容さを要求します。人間意識ではめったに出会うことはできません。すべての赦しは「自分を赦すこと」です。知性と理性の愛です。

育む愛　最終的には、すべての人が到達することができる領域の愛です。大いなる慈愛の愛。この愛にこそ、人類意識の本質が表現されています。

与える愛　見返りを期待せずに、ただ与えること。この愛は、ほとんどの人の理解をはるかに超えています。「自分に足りないものがある」という幻想に陥っている人々の資源になるために、収支決算表を捨てた愛です。これこそ「無私の私」です。

叡智としての愛　心と頭が一つになっている状態です。このレベルでは、自分が「正しくなければならない必要性」はいっさいなくなり、フィーリングと思考が一つの輝きとして表現されます。覚醒していない人がこのレベルに到達することは、ほとんどありません。

無限の自己表現としての愛　このレベルで、あなたは完全な自主独立した存在としての自分を表現しています。この世界の幻想という枠組みと、制限の中に見出したパワーで現実化していきます。

存在としての愛――ガイアそのものとしての愛　これらのさまざまな愛のレベルは、すべてこの地球で表現されています。そうでなければ、私たちはその存在に気づけないでしょう。

そして、ここ以外のどこかに、さらなる愛のレベルがあるに違いありません。

ユダヤ・キリスト教から、それぞれの愛のレベルの指標となる存在をあげてみましょう。

ソロモン王は「叡智としての愛」を、モーゼは「創造主である神の意志を体現するものとして愛」を、イェシュア・ベン・ヨセフ（イエス）は「赦しとしての愛」と「存在としての愛」を表現しています。

またほかの文化では、釈迦は「存在としての愛」と「創造主そのものとしての愛」を、観音様は「慈愛を育む愛」の表現、孔子は「叡智としての愛」を表現しています。

世界中のあらゆる文化や宗教に属している、このようなレベルの愛まで到達した人々はたくさんいます。正確には14万4０００人も存在するのです。

人類が記録してきた歴史は、この人々の旅路をほとんど見逃してきたのです。

訳者あとがき

大野百合子

私たちが今、この時代の地球を生きていることに、80億の一人一人の魂の壮大な意図を感じざるを得ません。そしてご縁があって本書を手にとってくださっている皆さまは、ご自身の魂と深くつながっていらっしゃるのだと確信しています。

著者のゲリーと出会ってから約30年。人類の集合意識は1万3000年ごとにシフトしていて、2011年から2012年に大きな変化があること、そしてそれ以降に起き得るさまざまな出来事を、彼は当時からずっと伝えてきました。

はじめて「光の12日間」の書籍が出版されたのが1999年で、ノストラダムスの予言が成就する年でした。当時、その影響で終末論はセンセーショナルに取り上げられてはいましたが、私にとっては10年以上先のシフトポイントの出来事は、実感をともなってせまってこなかったことを覚えています。

けれども2011年に3・11（東日本大震災）が起き、地域紛争など加速する世界情勢やパンデミック、活発化する地殻変動と異常気象を目の当たりにしている現時点で、本書であきらかにされた、想像を超える集合意識の大変革が近づいていることは皮膚感覚で体感できます。

2012年の移行の中心点を超えて、人類の集合意識は二元性から一元へ、つまりユニティの意識へと入りました。それから10年余り、まさに宇宙のデータバンクであるアカシックレコードに記録された出来事が、現実に起こりつつあります。

1972年を最後に中止された月面有人着陸計画が、なぜか50年たった今再開されていますし、NASAや自衛隊までもが、未確認飛行物体の今までの記録動画を公開し始めました。

集合意識のエポックメイキングなシフトとなる、人類の意識の発達をサポートしてきた地球外存在たちが、自らを明らかにするというアカシック情報も、もう少し早くならないかしら……くらいの気持ちで受け止めています。

ゲリーは、「ユニティサイクルが進むとともに、今まで封印されてきたアカシャの新たな扉が開き、地球のはるか遠い昔の記録までさかのぼることができるようになった」と言います。縄文時代はついこの間の近世です。

いよいよ黙示録に描かれてきた「啓示」、言い換えれば「強制覚醒」イベントがやってこようとしているわけです。

ここで一番大切なことは、本書で繰り返し語られているように**「ボディ・スピリット・ソウル」の三層からなる自分自身を知り、理解することが何よりも大切です。**

古神道を学んできた私にとっては、「天照大御神《あまてらすおおみかみ》の分御魂《わけみたま》としての自分を知る」ということに他なりません。

今回ゲリーが初めて明かしたように、地球に住まう二代目の天空の神、ガイアは一度だけ人間の肉体に宿りました。アカシャによると、それは神武天皇の娘として生まれ、その名前は「アマテラス」です。

そしてゲリーは言います。**「島国となった日本という国に生まれ、育った人々のDNAには、アマテラスそのもののエネルギーが物理的に宿っている」**と。

森羅万象すべてに神が宿り、**「言霊《ことだま》の幸きはふ国」日本。**私たちは、人類の集合意識の中では、かなりお得なポジションにいるわけです！

ガイアのヴィジョンが完成する西暦６７００年代に至るプロセスの中で、私たちはもっともエキサイティングな時を生きています。

そして、「光の12日間」を待たなくても、今すぐに覚醒するだけのユニティのエネルギーは、フルに地球に降り注いでいるのです。

これまで何サイクルにもわたって集積した葛藤が表面化しているとはいえ、期待やジャッジをやめて三位一体の自分、シンプルに自分を偽らず、すべてに対して思いやりを持って生きるなら、目覚めるには「ただ決断するだけ」でいいのです。

肉体を去る5分前に目覚めても、つまらないと思いませんか？
葛藤を解放し、感覚意識と魂意識がどんどん統合されて拡大していくのなら、思考が現実になる、シンクロに満ちた努力のいらない人生を創造していくことが可能なのです。

本書を手に取ってくださった皆さまが、2037年までの激動の日々を、「中道」の実践をとおして意識を拡大し、「光の12日間」とその後も、周りの人たちをガイドする灯台になってくださいますように。

私自身もそこをめざしつつ、このタイミングで転生した自分を思いっきり褒めながら、一瞬、一瞬を大切に生きていきたいと思っています。

私たち一人一人の目覚めが、この世界に平安をもたらす日が、一日も早く訪れますように。

2023年春　葉山にて

大野百合子

ゲリー・ボーネル（Gary Bonnell）

神秘家、アカシックリーダー、心理学者、催眠療法家、企業コンサルタント。

幼少時から体外離脱の能力を獲得し、1958年からアカシックレコードにアクセスできるようになる。40年以上、形而上学、西洋と東洋の神秘主義、アカシックレコード、古代の叡智、思考の現実化のプロセス、トランスパーソナル心理学などについて研鑽を積み、教えている。

ビジネスにおいては、長年にわたり、広告・マーケティング分野の会社役員を務め、「構造変革の専門家」として企業経営に携わってきた。フォーチュン500社にランキングされる顧客にコンサルティングサービスを提供するグループ会社、IMA of Coloradoのシニアコンサルタント兼マーケティング担当者として活躍。

共同経営者として運営した、米国における高級ヨーロッパ家具の輸入会社、デザインハウス・インターナショナルは、1974年の店舗数1から、1985年には5つの州に35のチェーンストアを展開するまでに成長を遂げた。

個人に向けては、霊的な気づきや意識の拡大を通しての人生の再構築について、また企業に対しては、構造の改革や業務推進についてのアドバイスを行っている。

人々の持つ叡智と直観力を現実の生活に取り入れるための数多くのパーソナルコーチングとワークを行い、日本では現在ノウイング・ウェイ・ジャパンで古代の叡智ノウイングを学ぶオンラインスクールやセミナーを提供している。 そのほかにも執筆、講演、コンサルティング活動など、米国・日本を中心に幅広い分野で活躍中。

◆**ノウイング・ウェイ・ジャパン**　https://theknowingway.jp

大野百合子（おおの ゆりこ）

『日本の神様カード』『日本の神託カード』著者。催眠統合療法家。

心理学、精神世界などの通訳、翻訳を通して、統合療法のセラピストとなる。

神秘家で哲学博士のゲリー・ボーネル氏に師事、ボディ、マインド、スピリットの統合を目指して、古代の叡智や心身の仕組みを伝えている。また、教派神道講師の資格を持ち、古神道に伝わる神人合一の叡智を伝える「和の叡智講座」や催眠療法等のセミナーを開催している。

著書に『レムリア＆古神道の魔法で面白いほど願いはかなう！』『そうだ 魔法使いになろう！望む豊かさを手に入れる』（吉本ばなな氏との共著）『内なる神様とつながってセルフパワーを活性化する！』『日本最強の言霊 大祓詞　すべてがうまくいく！魔法の言葉』（小野善一郎氏との共著、ともに徳間書店）、『日本の女神たちの言霊』（青林堂）等、訳書に『叡智の道』（ゲリー・ボーネル著、ヒカルランド）など多数ある。漫画『スピリチュアルかあさん』（大野舞著、KADOKAWA／メディアファクトリー）シリーズのモデルでもある。アイユニティ主宰。

◆**大野百合子公式サイト／アイユニティ**　http://www.ohnoyuriko.com/
◆**ブログ**　https://ameblo.jp/iunityyuri/

アカシックレコードで読み解く「光の12日間」
〜アップデート版〜
2037年までに起こること

第1刷　2023年4月30日

著　者　ゲリー・ボーネル
訳　者　大野百合子
発行者　小宮英行
発行所　株式会社徳間書店
〒141-8202　東京都品川区上大崎3-1-1
目黒セントラルスクエア
電　話　編集(03)5403-4344／販売(049)293-5521
振　替　00140-0-44392

印刷・製本　大日本印刷株式会社

乱丁・落丁はお取り替えいたします。

ISBN978-4-19-865623-2

そうだ　魔法使いになろう！
望む豊かさを手に入れる

著者：大野百合子×吉本ばなな

世界的作家とスピリチュアルかあさんの豊かさのひみつから直感力、呪いまで「見えない力」を使いこなして望む現実をつくりだす方法！

魔法使い——よい流れを自分に引き寄せたり、流れに乗ること／あなたの願いと豊かさを現実化する４つのステップ／自分の家に「龍を呼ぶ」／ばななちゃんは魔法使い／ここぞという時に天気を変える方法／気を自由に操る／悪魔につながってしまう人の二つの要素

お近くの書店にてご注文ください。